JN014167

文系の人も使える！

「数学的に
話す技術
書く技術」

曽布川拓也　山本直人［著］

東洋経済新報社

はじめに

　親譲りの無鉄砲で子どもの時から損ばかりしている。

（夏目漱石『坊っちゃん』より）

　よく知られるこの一文には、どこか惹かれるものがある。それは「無鉄砲」を別の言葉にすれば、大概の人に思い当たることがあるからだと思う。

　「短気」でも「引っ込み思案」でもいい。そして、ここに「数学嫌い」と入れてみたとき、思い当たる人は結構いるのではないか。

　本当は科学の世界にも関心があったのに、数学が苦手で文系を選択した、という人の声はよく聞く。両親ともに数学が得意、という人は稀なので、ついついどちらかの親のせいにして言い訳する人もいるだろう。

　ところが、ここに来て数学嫌いのままでは「本当に損をするのではないか？」という空気が広がっている。特に「文系」といわれる学部を卒業したビジネスパーソンの危機感は強い。

　社会構造がデジタル化によって大きく変化し、新たなビジネスは、テクノロジーの理解なしには進まない。そういう感覚はたしかに高まっているだろう。

　しかし、以前からどんなビジネスでも理数的な人材は必要で、歴史を遡れば科学技術の変化の波をとらえた人や組織が成果をあげてきた。

　そのうえで、「文系」にもやるべき仕事はあったはずで、ビジネスの世界を支えていた。数学をきちんと理解できずに、高校の途中で「まあ、このくらいでいいか」というくらいの素養でもどうにかなり、成果をあげた人もいた。

それなのに、どうやらそうはいかないのではないか？　それはデジタル化やインターネットのせいではなく、何か大きな構造変化が起きているからではないか？

そうした問題意識が、この本の企画を考えようとしたきっかけだった。

私は、いわゆる文系のキャリアを歩んできた。中学の頃に、「自分は文系だな」とほとんど決めていた。教科書は理解できても、どこかしっくりこないのだ。

ただし、大学の学部生時代には選挙の分析や予測のモデルを学んでいたために、統計や数的処理には一定の経験があった。

就職した広告会社は文系の牙城のように見えるかもしれない。しかし、ある先輩が「広告は科学とアートの結合」といっていたことが的を射た表現だったと思う。

莫大な量の情報を分析しつつ、そうした知見をもとにしたうえで広告のクリエイティブは成り立っている。そうした環境で、制作、リサーチや人事部門にいたこともあって、比較的「数学的思考」にはなじみがあった。

いわゆる文系的キャリアの中では、数字が好きなほうだったとは思う。

しかし、2004年に独立して、いろいろな企業の人材育成やマーケティングの支援をして、時に大学生と接するうちに、社会全体の大きな変化を感じた。

漠然とではあるが「これからはどんな仕事をするにしても数学をきちんと理解しておいたほうがいい」という感覚である。坊っちゃんが「無鉄砲」で損をした以上の、大損になるのではないか。

ただし、私自身は数学については素人である。思いはあっても、行動に移すことはなかなか難しかった。

そんな折、大学時代の同期の友人と四半世紀ぶりに再会した。その

彼が、今回の共著者である曽布川拓也さんである。

大学院で数学を専攻して、長く岡山大学に籍を置いていた。距離が離れていることもあり、年賀状のやり取りくらいの交流であったが、東京で新たな活躍の場を得て、会うことになったのだ。

旧友と久しぶりに会えば、思い出話や近況のこととなるのだろうが、なぜかこのとき「社会人に本当に必要な教養は何か?」というテーマになり、ピタリと意見が一致した。

僕は、どんな学部でも数学的な思考をもう一度学ぶべきだと思っていたのだが、彼はまさにそのために早稲田大学へと転じてきたのだった。

「基礎教養としての数学」を教えることを実践しているプロフェッショナルである。いっぽう私は、ビジネスの現場において求められる思考やスキルについては情報がある。

だとすれば、「なんらかの本が書けるのではないか」という思いから議論が始まった。

そうなると、私自身が数学を学び直す必要がある。「いまビジネスの現場で起きていること」と「数学がどのように活かされているか」をまず整理し直す。

そのうえで、現実に即した解説や展望を曽布川さんに書いてもらう必要があるからだ。

あらためて最新の中学高校の数学教科書を読み直していくと、懐かしさとともに、どこか「嫌な感じ」も甦ってきた。そのうえで、数列や対数、あるいは微分積分などについて曽布川さんに尋ねていくことで、「数学とビジネス」の接点を明らかにしようと考えた。

しかし、しばらくして気づいたのだが、私は数学について「何がわからないのかが、わからない」という状況だった。

「無知の知」という言葉があるが、これだと「無知の無知」というのだろうか。このままだと、どこまでいってもゼロの平原が続くことになる。

まずは、数学を再度勉強して、壁を感じたら質問していくことにした。

　彼は高校の教壇に立ったこともあり、ていねいに教えてくれる。そして「文系脳の癖」もある程度わかってもらえたかもしれない。そして、いろいろと議論を重ねながら1冊の本としての骨格が固まっていった。

　このようにしてできたこの本は、2人の視点が入り交じりつつも、数学的なロジックと裏づけについては、曽布川さんが骨格をきちんと支えてくれている。

　私は、その骨格をもとにした振りつけを考えるような役目だったと思う。教科書の数学ではあまりに行儀がよすぎて魅力がない。ちょっと無理なポーズをしたり、変わった踊りをしてもらうことで、数学がさまざまな姿を見せていく、ということを明らかにしていきたいと思った。

　もっとも「そんな踊りはできません」となれば、無理はしていない。つまり、数学としての骨組みは揺らいでいない。

　そして、この「振りつけ」というのが、いわば「話す・書く」ということだと考えた。

　数学的に考えて表現するというのは、数式や証明はもちろん、普通の日本語を使う、総合的なコミュニケーションである。

　そして数学的に「話す・書く」ためには、まず自分のまわりで起きている状況を客観的に整理すること。それを、誰にでも理解できるように明確に構成することがスタートとなる。

　こうして社会において「数学的な素養」が求められている背景を追求すると、私たちは気づかぬうちに論理的思考をないがしろにしてきたことに気づく。

　その問題はずいぶん前から指摘されてきたのに、いまだに不十分で、ビジネスの意思決定の現場でもさまざまな問題が今日も発生しているだろう。

　こうしたことを踏まえて、あらためて「数学的に考える」ことを、私なりに再定義すると次のようになる。

　ありのままを見て、都合の悪いことに目をつぶらず、もっとも適切な解を探し、オープンに議論をすること。

　それは、いまの私たちと社会にもっとも求められていることだと思う。

2021年7月

山本　直人

第2部 ツールとしての数学の本質

/ 第6章 / 確率

/ 第8章 / 微分・積分

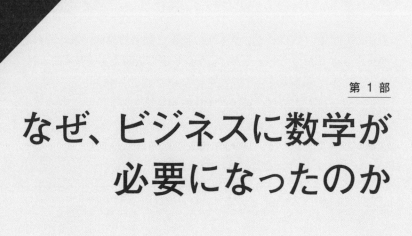

Part 1

第 1 部

なぜ、ビジネスに数学が
必要になったのか

第1章

論理性——ビジネスと数学の関係 YAMAMOTO

数学的思考が求められたのは「いつ?」

　私たちが普通に仕事をしていく上で、「数学的思考」の重要性が、じわじわと高まっています。「エンジニア」の人手不足はずっと続いていますし、また、「統計」はビジネス上で必須の知識といわれるようになりました。大学のいわゆる「文系学部」でも、入試に数学を必須化したり、統計学などを必修の授業とする動きも出てきています。

　統計に限らず、物事をロジカルに考えて、最新技術を理解することが求められているように思います。

　普通のビジネスパーソン[*1]は、そうした空気に危機感を覚えていることでしょう。

　それにしても、いつからビジネスの世界で数学的思考が求められるようになってきたのでしょうか。もう少し俗な表現だと「理系的人材」へのニーズがとても高まってきたのはなぜでしょうか。

　まず、思い当たるのは「デジタル技術が発達したから」ということです。たしかに、オフィスのパソコンが「1人1台」になり、自宅にパソコンが普及したのは、1990年代後半以降のことです。

---

*1　ここでいう「普通のビジネスパーソン」は、いわゆる「文系学部」出身で、大学以降に数学などの科目を学んでおらず、高校数学の記憶もややあやふやな人、というイメージで捉えてください。

しかし、オフィスワーカーがパソコンでしていることは、「紙とペン」をそのまま、デジタルに移行させているようなものも多いと思います。

メールを書き、文書を作成し、プレゼンテーション資料をつくる。また表計算で数表やグラフをつくることは、パソコンになってはるかにスムーズになったものの、内容的にはシンプルな数量の変化や割合など、基本的な四則演算に基づくものがほとんどではないでしょうか。

もちろん統計処理などははるかに複雑なことができるようになりましたが、そういうスキルがすべての人に求められたわけではありません。

そう考えたとき、数学的思考が求められる要因を、単に道具としてのデジタル機器に求めるのではなく、「ビジネスを取り巻く状況が変化したのではないか？」と捉えたほうがいいと思います。

もう少し視野を広げてみると、かつての普通のビジネスパーソン、よりイメージ的にいえば「昭和のサラリーマン」は、数学的なこととは縁のない世界で、いったい何をして成果を出していたのでしょうか。その際にはどのようなスキルが求められたのでしょうか。

かつては「売る仕事」がシンプルに成り立っていた

そこで、そもそも「会社員の仕事」の成り立ちについて考えてみましょう。ここでは、例として電機メーカーで考えてみることにします。

戦後の復興期から成長期にかけて、「新型のラジオ」を製造したメーカーを頭に浮かべてください。

町工場からスタートして、コンパクトで高性能のラジオを開発したメーカーは、あっという間に国内トップの座を築き、かつ海外へも進出しました。

電気工学を専攻した優秀なエンジニアがいたために、品質的には優

位であり、かつ価格競争力もありました。

　こうしたなかで、営業マンは全国の販売店を回り販路を開拓していきます。さらに英語の堪能な社員が、積極的に海外との商談を進めていきました。

　このメーカーは、やがてオーディオ製品を開発して、さらに音楽事業に進出して、レコードを販売することになりました。機器の販路を固める一方で、系列のレコード会社も放送局やレコード店などへの営業を始めます。

　やがて、ハードとソフトの両輪が確立して、このメーカーは音楽分野において圧倒的な知名度とブランド力を有するようになりました。

　このようなストーリーで、普通のビジネスパーソンの大きな役割はなんでしょうか。それは、シンプルに「売ること」だったと思います。いわゆる「営業職」であり、セールスの仕事です。

　訪問して交渉し見積もりを出し、発注して納期までに届けて、請求を出す。これは、いまでもおこなわれていることです。

　よく考えてみると、こうした営業職の仕事において、専門的なスキルはあまり求められません。社内教育がしっかりしていれば、覚えることができます。

　この時代において、有能な会社員、つまり営業職に求められるものは数値化しにくい「人間力」[*2]のようなものだったともいえます。

　もちろん、数学的な素養が問われる機会は少なかったでしょう。

仕組みを考えなければ売れない時代に

　では、いまの時代になってどのようにビジネスは変化したのでしょう。

---

*2　あまり好きな言葉ではないのですが、戦後昭和の会社員の回顧録などを読むと、そうとしかいいようのないパワーがその人のキャリアを左右していたと思います。

あなたが、「音楽を聴く」というときに何をするかを考えてください。

まず、使用するのはスマートフォンが多いでしょう。そして、なんらかの配信サービスを利用するか、そこからダウンロードするのではないでしょうか。

もちろん、CDを買ってオーディオ機器で聴く人もいるでしょうが、いわば主戦場となっているのはネットの世界なので、まずはその状況で考えてみましょう。

まず、スマートフォンをつくっているメーカーは、世界でも限られています。有力なメーカーの新製品は、発表と同時にネット上で評価がされています。もちろん店頭にも製品は並んでいるのですが、そこにいくまでの間に情報は広がっているのです。

そして、音楽はどうでしょうか。評判になった曲や、自分の好きなジャンルをネットで検索して、ストリーミングやダウンロードをする。アクセスすれば、無数の楽曲があり、さまざまなリコメンドやレビューを読めます。

そこでは、当初の心づもりとはまったく異なる曲を聴くことになるかもしれません。

では、こうしたなかで普通のビジネスパーソンはどんな仕事をするのでしょうか。昭和のように「営業職が販売する」ことの役割は、どう変化したのでしょう。

1ついえるのは、「何かを買う／売る」上で、まったく新しい「仕組み」が生まれてきたということです。少なくとも、かつてのような営業活動だけでスマートフォンが売られて、音楽が買われているわけではありません。

専門スキルがなくても「理解力」が求められる

このように考えてみると、ビジネスや社会の仕組みが大きく変化し

たことで、求められるスキルが変化したことがわかります。

「どうやって売るのか？」という仕組みを根本から考えたとき、その多くは、デジタル技術に依存するようになりました。そして、新しいシステムを構築することになります。

そうなると、いわゆる文系の営業が集まっただけでは、スキルが足りなくなります。

もちろん必ず、エンジニアが必要になります。また、実際にビジネスをスタートしてからのデータ分析でも、単なる四則演算を超えた数学的思考が求められることが、じわじわと増えているのです。

専門的なシステムづくりやデータ設計はエキスパートがおこなうにせよ、それがどのような価値と意味をもつのかをビジネスの現場にいる人は理解しなくてはなりません。

先の例でいえば、いままでは、営業チームがレコードという「物体」として販売してきた音楽を、インターネット上で「データ」として販売するように変わりました。

場合によっては、販売するのは「聴く権利」であって、個々の音楽はいくらでも聴き放題という「仕組み」をつくることへと移行しています。

そうなると、単に「○○万枚売れた！」というような単純な数字だけを追うわけではありません。

ある曲を聴いた人は、ほかにはどんな曲を聴いているのかを分析します。さらに音楽に限らず、1人ひとりの嗜好に合わせて、プロモーションをおこないます。

こういう時代に電機メーカーや音楽サービス企業に入社した文系の社員に求められる資質やスキルが、大きく変わっていることは明らかでしょう。

そして、同じようなことはあらゆる業界で起きています。戦後多くの文系学部の卒業生を採用した金融業界などでも、理系学部出身のトップが増えてきました。

そう考えたとき、高校の途中までしか数学を学んでこなかった者

は、これからどうするべきなのか。そして、文系人間の存在意義はどこにあるのでしょうか。

数学知らずでもうまくいった戦後昭和は「例外」

このように見ていくと、「やはりデジタル化の影響で、文系の仕事でも数学的素養が求められてきたのか」と思うかもしれません。

しかし、それはちょっと違うと思います。もちろん、デジタル化の影響はあります。

ところが、ビジネスの歴史をたどれば、必ず数学的思考が求められていたはずなのです。そもそも、ビジネスと数字は切っても切り離すことはできません。

たまたま、戦後日本は高度成長に恵まれて、その後低成長になってからも過去の実績もあって「頑張れば売れる」時代が続いていました。

つまり、文系社員が数学的思考を知らなくても「何かを売る」という仕事があったのです。そして、そういう現場ではカンや度胸も含めて「できる人」が存在していました。

そういう世界では、数学的思考は求められず、むしろ「理屈っぽい」と煙たがられることもありました。

そんな特殊な戦後昭和の「常識」が、実はまったく通用しないことは、1990年代後半から多くの人が気づいてきたのだと思います。しかし、変化のスピードは遅く、ようやくあらゆるビジネスで数学的思考の重要性が認識されて、そこにデジタル化の波が重なってきたのです。

こうして考えてみると、文系の牙城のように思われていた金融業で理系のトップが誕生することも、ごく当然のことなのでしょう。そもそも、数学的思考ができなければ、金融ビジネスは成り立ちません。

したがって、いま多くのビジネス現場で数学的思考が求められるのは、ある意味「普通の状態」になったともいえるのです。

規則づくりから、価値づくりへ

　また、別の視点でビジネスや社会のあり方を見たとき、文系の人には大切な仕事がありました。

　それは規則をつくり運用することです。オフィスの仕事には、営業以外にも人事・経理・法務、経営企画などのいわゆるコーポレイト部門があります。

　このような部門の社員の仕事内容を単純化していえば「規則をつくり運用すること」だったといえます。そして、そのためには国がつくった法律、あるいは国際ルールなどを知らなくてはなりません。法務などは、その最たるものです。

　こうした仕事は、これからも必要とされるでしょう。しかし、その内容もまた変わりつつあります。人事は採用や評価におけるデータ活用が高度化していますし、経理財務は長期にわたる経営シミュレーションをおこなう必要があります。法務にしても、特許管理などに関連して専門的知識が求められることも増えています。

　また、さまざまなテクノロジーへの理解がなければ、M&A案件を判断することもできません。

　そう考えてみると、単に「規則をつくり運営する」だけではなく、まず大切なことは「新たな価値をつくるためにどうするか?」ということです。

　そこでは、まず状況をできるだけ客観的に見つめて、さまざまな知見を導入しなくてはなりません。既存の規則を振り回すだけでは、かえって進歩を妨げることになります[*3]。

　先の金融業界の例でいえば、かつての「護送船団」時代は国のさまざまな規則や指導を理解し、官僚と折衝し、どのようにして運用して

---

*3　ここで一番妨げになっているのは、実は企業内ではなく、そもそも法律をつくって運用している人たちではないか、という疑問もわいてくるのだけれど、そこを論じると別の本になってしまうので、まずは自分の仕事で新しい価値を生むことを考えてみましょう。

いくか、ということが求められたのです。

そうした時代に比べて、これから求められる人材がどう変わるかというのは自明でしょう。

もちろん、これは企業内だけの話ではありません。「規則をつくり運用する」仕事で最も影響力をもつのは、国や自治体の官僚です。

そして、彼らに求められる能力の変化も、企業の場合とまったく同じです。

つまり、「なぜ数学的思考か？」という理由を考えていくと、文系社員のキャリア開発の問題に行きつくのです。

問題は「数字の話」だけではない

さて、このようにビジネスの変化を見てきてわかったことはなんでしょうか。

それは「誰もが数学的思考をもつのが"当たり前"の時代になった」ということだと思います。

そうなると、さまざまな数的情報の意味をきちんと理解しておくことが求められます。そこで本書では、高校までに学ぶ数学の領域について、再度その目的や応用について考えていきます。

これは、数学の考え方をもとに「ツールとしての数学」をどうやって活用するのかという視点です。

しかし、ツールを活用してデータを分析して予測をしても、それをもとに「正しい判断」がされるとは限りません。

先ほども書いたように、数的情報をきちんと重視しようという動きは、1990年後半くらいからビジネスの現場でも当たり前になっています。MBAなどを取得する人も増えました。

それでも、きちんと積み上げられた数的情報が生かせずに、経営において誤った判断をすることはいまだに多くあります。

そして、その原因をたどっていくと、それも「数学的思考」に関連

しているということがわかってきました。

「何が正しいか」を論理的に考えていく能力が不足したまま、それを判断する立場、つまりマネジメントの仕事についている人がとても多いのです。

この「論理性」というのは、まぎれもなく数学的思考の根幹にあるはずです。ところが、文系理系を問わずに、そうした思考がおこなわれていないことは多々あると思います。

なぜ、そんなことがいまだに起きるのかを追求していけば、それだけで1冊の本になるでしょう。実際に、名門企業でも数字の帳尻合わせのために「なんとかしろ」と経営者がメールなどで迫ったことが話題になりました[4]。

しかし、本書ではその原因究明には深入りしません。ただし、ビジネス現場の日常で起きているちょっとしたやりとりのなかにも「数学的な思考」の大切さが潜んでいることや、それがついつい忘れられがちになることを見ていこうと思います。

まず「正しいこと」はどのように決められていくのか、と考えてみましょう。

「何が正しいか」を考えるために

とても一般的な話をすると、「正しいこと」はいいことであり「間違ったこと」は悪いことだといえます。

ところが、「何が正しいか」ということは、なかなか難しいものです。

私たちは、幼い頃から知らぬ間に「これが正しい」と教わってきました。小学生の頃であれば、多くの人はそれを受け入れようとするで

---

[4] 結果的にその名門企業は解体されてしまうのですが、そのプロセスを追っていくと、歴代の経営者がまったく論理的に考えず、単に売り上げを追っていたことがよくわかります。その会社の経営者には理系の人もいたのですが。

しょう。

「正しい姿勢」「正しい食べ方」など、山ほど「正しいこと」を教わります。

ところが、中学生にもなると「それは正しいのか?」と疑うことも出てくるでしょう。日本のあちらこちらの学校にはいろいろな校則があるようですが、なかには「それは変だろう」と疑問をもつようなものもあります。

つまり、段々と大人になるにつれて「正しいこと」は必ずしも1つではないのでは? ということに気づくのです。

「こうするのが、正しい」

「いや、それは正しくない」

ビジネスの現場でも、そんな議論になることがあります。しかし、このような状況になったらなかなか決着はつきません。

そこで、「事実に基づいて論理的に考える」ことが大切だということが、あらためて強調されるようになりました。いわゆるビジネス本には、そういうテーマのものがたくさんあります。

ところが、そういう勉強をして研修をしても、「何が正しいのか」ということは、わからなくなってしまうし、マネジメントにもそういう人がたくさんいることは、先にも書きました。

では、なぜそうなってしまうのかをもう一度考えてみると、「すべての人が共有する大前提」が、よくわからなくなっているからだと思います。

次にはちょっとした事例を見ながら「何が正しいか」を決めていくことの難しさについて考えてみましょう。

「背に腹は代えられない」は論理的か?

さて、とある職場でこんな会話があったと考えてください。

X「とても大切な企画提案の仕事が入った。時間がなくてプレゼンテーションは10日後だ。早速準備に入ろう」

Y「すいません、来週は休暇をいただき、家族旅行を予定しているのですが」

　さて、最近の会社ではここで上司のX氏はあきらめることになるかもしれません。ただし、こういうときに「いや、この仕事は本当に大事なんだ」「いや、これは半年前から予約している旅で、社員の権利です」というもめごとになったとしましょう。

　そこで、X氏はこういいます。

「そんなこといっても、背に腹は代えられないんだ！」

「背に腹は代えられない」というのは、これまたわかったような、わからないような言葉です。五臓六腑の収まる「腹」のほうが大切なので、「背」では代えられないということでしょう。

　ただし、現実の世界において「何が背で、何が腹なのか」はまったく決まっていません。X氏は当然のように、仕事が「腹」だと思っているでしょうが、それはY氏と共有されているわけではありません。

　仮に休暇が「背」だとしても、それを台無しにすることが認められるかというと、それはまた別の問題です。

　つまり、ここでいう「背に腹は代えられない」というのは、二重三重に論理的ではありません。

　そんなことは当たり前だと思うでしょうが、このような「なんの基準もないまま、正しいことを決めようとする議論」は、けっこうあちらこちらでおこなわれていると思います。

　その上で「何が正しいか」は、現実の世界においてはこのようにして決まってしまうことも多くあります。

　それは、一社員の有給休暇の問題に留まりません。そして、基準が曖昧なままに進められた議論が、時には企業の命運を左右することもあるのです。

「論理の消失」が企業をバラバラにする

　とある業界トップシェアの大企業における過去の話です。その企業では、看板のロングセラー製品が段々とシェアを落としていました。ライバルの新製品がグングンとシェアを伸ばして、トップの座をうかがっていたのです。

　ここで、自社としても新製品に注力してロングセラー商品との「二枚看板」でいこうとしたのですが、経営会議は紛糾しました。

　ロングセラーのブランドは、その会社の代名詞でした。その看板を下ろすようなわけにはいかない。新製品では、代わりにならない。そんな、負け戦みたいなことはできない。

　そうした「勇ましい意見」が強まり、「背に腹は代えられない」という理屈が通りました。結果として、そのロングセラー製品に社運をかけることになったのです。

　しかし、一枚看板ではライバルの攻勢に太刀打ちできず、全体シェアも落ち続け、ついにライバル社にトップを奪われました。

　このときの議論では、なんの前提も目標設定もなく、感情だけが先行したと思われます。

　先にも書いた、伝統あるメーカーが解体されたプロセスを追ってみると、やはり同様の理不尽な議論が目立ちます。

　利益をあげることができないのに、とにかく「売り上げを上げろ」というのは、経営としての大前提が崩れていたわけです。

　「正しいこと」を見つけるには、誰もが理解できることを積み重ねて、冷静に論理的に考えなくてはなりません。

　それはまさに数学的な思考です。

　一方で、日々の職場から、経営判断のレベルに至るさまざまなシーンで「なんの論理性もない意思決定」がおこなわれていることを、あらためて受け止めることが大切でしょう[*5]。

　どうやら、いま一度身につけるべき「数学的思考」は、「数字をど

扱うか」ということはもちろん、その前に「論理的に考えるには」ということから始めるべきなのだと思います。

数学という眼で世の中を見つめ直す

さて、ここまでに書いたことをもう一度整理しておきましょう。

いま数学的思考が必要ではないか、ということは多くの人が仕事の現場で感じていることだと思います。

まず、数学にはいろいろな問題を分析して解決する「道具」としての側面があります。いまビジネスにおいても、「数学が必要だ」といわれるときは、道具としての数学のことを指していることがほとんどです。

本書では、高校2年くらいまでに多くの人が学んできた数学の内容をおさらいしながら、それがどのようにして実社会で使われているのか、ということを確認していきます。

いわば、道具の仕組みと使い方についての解説です。

しかし、数学は単なる道具ではありません。先に書いたように、多くの組織で起きている問題を掘り下げていくと、そもそも論理的な議論がなされないままに、道を誤っていることがいまだに多いことがわかります。

論理的、ということは誰もが学んだはずですし、むしろ国語など文系的な領域に思えるかもしれません。

しかし、あらためて数学的視点から見直していくと、まったく異なる世界が浮かび上がってきます。

そこで、「数学的に書く・話す」ということの本質を学ぶために、数

---

*5　ちなみに、このような「大きな声による非論理的な意思決定」はいわゆる老舗企業に多そうだと思われるでしょうが、若い企業でも起きるし、日本以外のあちらこちらでも見られます。あえて共通点をあげれば「一度成功したときの経験が呪縛になっている」ことが多いでしょう。

学者の視点で世の中を見るとどうなるか、というお話を次章では読んでいただくことになります。

　さて、どんな世界が出てくるのでしょうか。

第 2 章

もの の 見 方 と し て の 数学

高村光太郎 「気仙沼」 と向き合う

最初に次の文章について検討してみましょう。

　　女川から気仙沼へ行く気で午後三時の船に乗る。軍港の候補
地だといふ女川湾の平和な、澄んだ海を飛びかふ海猫の群団
が、網をふせた漁場のまはりにたかり、あの甘つたれた猫そつ
くりの声で鳴きかはしてゐる風景は珍重に値する。湾外の出嶋
の瀬戸にかかるとそこらの小嶋が海猫の群居でまつ白だ。此鳥
の蕃殖地としては青森県の蕪嶋が名高いが、此の辺にもこんな
に沢山棲んでゐようとは思はなかつた。彼等はいち早く魚群を
見つけて其上に円陣をつくる。彼等と漁船とは相互扶助の間柄
だと人がいふ。「名ばかり」 といふ礁を通り過ぎて外洋に出る
と、船は南方二十余キロの金華山を後ろにして針路一直線に北
に向ふ。水温二〇度、気温二七度、東方右舷の水平線に有るか
無しかの遠洋航路の船が数分間置きに一定の煙を空に残してゆ
く。この水平線上の電信記号がいつまでも消えない。暮かかる
頃、岩井崎から奥深い気仙沼湾にはひる。湾内は浅瀬で、もう
暗やみの水路が甚だ狭い。大浦の陸とすれすれに進み、浮標の
灯をたよりに入港する。午後七時半。
　　船から見た気仙沼町の花やかな灯火に驚き、上陸してさらに

その遺憾なく近代的なお為着せを着てゐる街の東京ぶりに驚く。賑やかな海岸道路の宿屋には、もう渡波から此所に来てゐる虎丸一行御宿の大きな立札が出てゐる。玉錦一行の割当人名が出てゐる。私は或る静かな家に泊つたが、夏に旅行する者の必ず出会ふ旅館の普請手入といふものに此所でも遭つて当惑した。勉強な大工さんが夜でもかんかんやるのである。さうして在来の建方を「改良」して都会風な新様式に作りかへる。

柳田國男先生の「雪国の春」といふ書物をかねて愛読してゐた私は粗忽千万にも気仙沼あたりに来ればもうそろそろ「金のベココ」式な遠い日本の、私等の細胞の中にしか今は無いやうな何かしらがまだ生きてゐるかも知れないなどと思つてゐた。気仙沼には近年大火があつたといふ。大火はほんとに業をする。

（高村光太郎「気仙沼」（青空文庫）より抜粋）

　ていねいな描写のなかに、昔の情緒を懐かしむ気持ちがよくわかる文章ですね。ではこれはどうでしょう。

　女川港から気仙沼港までは海路62.5kmである。定期船に乗ると4時間半かかる。したがってこの船は平均7.5ノットの速さである。

　同じ状況を見ていてもその視点が違うとまったく別のものに見えます。
　高村光太郎が見たのは、昭和4年2月23日の大火で焼けた気仙沼の街が再興するにあたって、それが昔の風物から大きく様変わりしてしまっていたということであり、片や当時の定期船の速度についての話。そういえば最近の大型定期船では30ノットで航行するものもあるそうで、時代は進歩するものです。文章による情景描写であっても、ずいぶん違う表現になっていますが、そもそも同じ状況を見てもその捉え方は人によって、またその目的によって違うのですから、こうし

た違いが出てくるのは当然だといえましょう。

数字は単語、数学記号・数式は文章

さて、この船の速さは、

$$1 ノット＝時速 1 海里$$

$$1 海里＝1.852 km$$

$$\frac{62.5 km}{1.852 km} ≒ 33.74 海里$$

$$\frac{33.74 海里}{4.5 時間} ≒ 1 時間当たり（時速）7.5 海里＝7.5 ノット$$

と計算されます。この計算はそれほど難しくないと思いますが、そこで次の式を見てみましょう。

$$\frac{62.5}{1.852} ＝ 33.74 \cdots$$

$$\frac{33.74}{4.5} ＝ 7.5 \cdots$$

こうなってしまうともはや高村光太郎の見た船上からの景色や街の様子どころか、定期船の速さについての話であることすらわからなくなってしまいます。しかしその一方で、この式であれば誰でも簡単に同じ答えを導くことができるのです。

数学は現実に起きていることのある部分を必要に応じて切り取ってきて、数字・数式というツールを用いて表す「言語」だといえます。ここでは数は「単語」であり、それをつないでできる数学記号・数式は「文章」の役割を果たしています。

数学はさらに、表現された事柄に対して数学的な操作（計算など）

を加えてなんらかの結果をもたらします。出てきた結果は、現実の状況において、この例でいえば20世紀前半と現代の船舶のスピードを比較することに用いることができるのです。

では逆に次の数式を見てみましょう。

$$\frac{1}{2}gt^2 = 47.2 + 1.5 \qquad g = 9.8 \qquad したがって\ t = 3.152\cdots$$

この数式を見て親近感がわく人は高校で物理が得意だった人でしょう。多くの人にとってはなんのことだかさっぱりという感じかもしれません。これはあのガリレオ・ガリレイがピサの斜塔でおこなったとされる実験に関する式です。傾いている一番上の第7層の高さがおよそ47.2m。ガリレオは同じ大きさの鉄球と木球を両手にもって捧げあげているので、2つの球の高さはさらに1.5m高い。gは重力加速度といわれる定数、tは球が手を離れてから地面に到達するまでの時間です。それがおよそ3.15秒である、というのがこの計算のもつ意味です。

ここで見るように、数式は実世界についてのいろいろな情報をそぎ落としてしまっています。そのためそれだけでは何を意味しているのかがわからないというのはむしろ当然かもしれません。さらにその上で面倒くさい計算などをさせられては、いい思い出がないのも当然ですね。

一方である特別な、しかし場合によってはとても有用な「ものの見方」であるともいえます。本書では特に第2部を中心に「ものの見方としての数学」について考えることにします。単に計算を使って解くということではなく、それを使って考え、その上で書く・話すことを考えていきます。

数学そのものは物事の進め方の大切なサンプル

多くの人にとって算数・数学とは、

式が与えられていて、
計算して答えを出して、
○か×か採点される

ものと捉えられているのではないでしょうか。

式が与えられていない問題＝応用問題（？）は苦手

と思っている人たちも多いかもしれません。さらにその上で、

証明問題は嫌い・苦手

ということになってしまうのではないでしょうか。

　しかし前節で述べたように、算数・数学は1つのものの見方です。そして、一方でそれは実のところ、物事の進め方についての重要なサンプルである、ともいえます。本節では数学者の仕事の様子の一端を見ながら、このことについて検討してみましょう。次にあげたのは、ある数学の「論文」です。

三角形の1つの角が直角となるための条件について
北エジプト大学　経済学部　栗戸　裕

　概要：測量の現場においては、3辺の長さの比が3：4：5となるような三角形は直角三角形になることが知られている。本論文ではそれを一般化することによって、より多くのケースで測量が

容易になることを目指す。

1. 研究の背景と定理

　国家にとって租税の徴収は不可欠であるが、その課税はなんらかの意味で公平でなくてはならない。小麦の生産を中心とするわが国においては本来「収穫高に応じた税負担」を基本にしたい。ただし収穫高についてはそれを完全に把握することは難しい。そこで課税の方法として、「広い土地を所有する者はそれだけ多くの収穫を得る」ことに着目する。すなわち農地の広さ（面積）に応じて課税することである。そのためには農地の広さを知ること、すなわち測量術が必要となる。

　長方形の面積は「縦×横」で容易に求められる。問題は土地の形が長方形であるか、すなわち角が直角であるかを判定することにある。このことについては古くから3つの辺の長さを決めると三角形が1つ決定することが知られており、特にその辺の長さが3：4：5であるときにその1つの角が直角になることが知られている。そこで実際の測量では、縄を張って辺の長さが3：4：5の三角形をつくり、その直角をもとにしてその土地が長方形であることを確認し、縦と横の長さを測って面積を計算している。ここでこの3つの辺について調べてみると、$3^2=9$、$4^2=16$、$5^2=25$となり、$3^2+4^2=5^2$となっていることがわかる。

　本論文ではこの事実をさらに一般化した次の定理を証明する。

【定理】三角形の3辺のうち、2辺の長さの平方の和がもう1つの辺の平方に等しいならば、そのもう1つの辺に向かい合う角は直角である。

　このことにより、3：4：5以外の辺の比をもつ三角形、例えば辺の比が5：12：13であるような三角形が直角三角形になることがわかる。

2.議論の準備

一般に2つの三角形について次のことが知られている。

> ［定理（ユークリッド）］2つの三角形の3つの対応する辺がそれぞれ等しいとき、一方を移動させると他方にぴったり重ねることができる。

このことは参考文献（1）第1巻7節に書かれている。同書の立場はこれを定理として証明しているが、日本の中学校数学においてはこれを公理として認めることにしていることから、本論文ではその立場をとる。

また直角三角形については次のことが知られている。

> ［定理（ピタゴラス）］三角形の1つの角が直角であるとき、その直角の対辺の平方は、他の2辺の平方の和に等しい。

この定理は参考文献（1）第1巻47節に書かれている。その証明については（1）のほか、参考文献（2）に300通り以上の証明法が解説されているので、本論文では割愛する。

3.定理の証明

$\triangle$ABCにおいてBC=a、CA=b、AB=c、$a^2=b^2+c^2$であると仮定する。このとき$\angle$A=90°となることを証明する。

ここで$\triangle$DEFにおいて$\angle$D=90°、FD=b、DE=cと仮定する。すると定理（ピタゴラス）から、$EF^2=FD^2+DE^2$であり、a＞0であることから、EF=aであるとわかる。

すると$\triangle$ABCと$\triangle$DEFにおいて、AB=c=DE、BC=EF=a、CA=b=FDとなるので、定理（ユークリッド）から、$\triangle$ABC$\equiv$$\triangle$DEFとなる。

したがって対応する角の大きさが等しくなるので、

$$\angle A = \angle D = 90°$$

となることがわかる（証明終）。

4. 今後の問題

　この定理により、3辺の長さを与えたときにそれが直角三角形となるかどうかが判定できることになった。その例として「3：4：5」または前述の通り「5：12：13」という組み合わせがある。ほかにも「$1：2：\sqrt{3}$」「$1：1：\sqrt{2}$」（いわゆる三角定規）など無限にあるが、3辺の長さ（の比）が整数で表されるようなものも無限にあるか？　という問題を検討することは重要である。

謝辞：南エジプト大学の日田御螺巣教授には、本研究に関して貴重なご意見をいただいた。この場を借りて感謝の意を表したい。

参考文献
（1）ΕΥΚΛΕΙΔΟΥ：ΣΤΟΙΧΕΙΑ(-0035)
（2）E. S. Loomis：Pythagorean Proposition. 1st ed.(1928), 2nd ed. (1940).
　　　Reprinted by National Counsil of Teachers of Mathematics (1968, 1972).

　この「論文」で取り上げた数学的な内容は、日本では中学校3年の数学科の授業で扱いますが、その証明には深入りしないことになっています（平成29年告示中学校学習指導要領・解説書による）。ここではそれを題材に「数学の論文」の1つの例をつくってみました。

　このようなものに接した経験のある読者はそれほど多くないでしょうし、これがなんの役に立つのかについては懐疑的に思うかもしれません。

　実際この「論文」自体は役に立たないかもしれませんが、その考察の過程と表現がビジネスにおける「戦略」の立て方になっているというのが本書で主張したいことなのです。

その詳細については第3部の後半で述べますが、まずここでこの「論文」の内容についての数学的な位置づけと論理の枠組みについて見てみましょう*1。

前提と結論 —— 形式論理のすすめ

およそ紀元前6世紀から紀元前3世紀ぐらいのことを想定していただきましょう。農地の測量のために縦×横＝面積という関係を使います。そのときに必要なのは、土地を長方形に見立てること、すなわち直角をつくることでした。経験的に「3つの辺が3m・4m・5mの三角形は直角である」ということは大昔から知られていたようです。そしてピタゴラス（とその仲間たち）は次のようなことを発見していました。

直角三角形の斜辺（直角の向かい側の辺）の長さの2乗は、
そのほかの2つの辺の2乗の和に等しい。 (2.1)

有名な定理ですが、これが測量の世界では役に立たないことがわかるでしょうか。少していねいに述べてみます。ピタゴラスの定理（三平方の定理）は、

三角形の1つの角が直角であることがわかっている

ときに結論が導かれる話です。数式と論理記号を用いて述べるならば、

$$\angle A = 90° \;\Rightarrow\; BC^2 = AB^2 + AC^2 \qquad (2.2)$$

です。しかし測量の現場では、

直角はまだつくられていない

のであって、測量で使うためには、

これから直角をつくりたい

のです。

巻き尺などを使えば、思うような辺の長さの三角形をつくることはできます。そこで、

2つの辺の長さの2乗の和がもう1つの辺の2乗に
等しいならば1つの角は直角である　　　　（2.3）

数式と論理記号を使うならば△ ABC において、

$$BC^2 = AB^2 + AC^2 \;\Rightarrow\; \angle A = 90° \qquad (2.4)$$

となるかを調べたいのです。（2.1）と（2.3）、もしくは（2.2）と（2.4）を比べてみると前提とすることと結論が逆になっている。このような関係を「逆」といいます。

このとき次のことは重要です。

一般的には、元の話（命題）が恒に正しい（真である）としても、その「逆」が恒に正しいとは限らない

例えば、

$$東洋経済新報社は株式会社である \qquad (2.5)$$

の「逆」を考えてみれば、すぐに納得できます。

さて、ここでついでに、命題の「裏」「対偶」についても述べましょう。上に述べたように、「命題」は基本的に、

$$P \Rightarrow Q \qquad (2.6)$$

という形で表すことができます。このときのPを「前提（条件）」、Qを「結論」といいます。これに対して前提と結論を入れ換えた、

$$Q \Rightarrow P \qquad (2.7)$$

という形の命題を「逆」というのです。

さらに次のようなことを考えてみましょう。

$$Pでない \Rightarrow Qでない \qquad (2.8)$$

この形の命題を、（2.6）の「裏」といいます。そして「逆の裏」もしくは「裏の逆」である、

$$Qでない \Rightarrow Pでない \qquad (2.9)$$

を元の命題の「対偶」とよびます。（2.5）の対偶はある意味で当然かもしれません。実際、次のことが知られています。

元の命題の真偽とその対偶の真偽は常に一致する[*2]

　さて、(2.5)の「裏」を考えてみましょう。これが「恒に正しい」わけではないことはすぐにわかります。うまくいかないケースが1つでもあるならば「恒に正しい」とはいえません。

　こういうときには「正しくない」「偽である」といってしまいます。この言葉遣いは感覚的に慣れないかもしれませんが、論理の世界では「偽」として排除してしまいます。

　わが国では上でも下でも例外のケースをもちだしてきて針小棒大な主張をし、さらにそれに重ねて話題をすり替えるような議論をあちこちで見かけます。議論を好まない馴れ合い集団のなかではそれでも済むでしょう。

　しかし、グローバル化がいわれる今日、そうした曖昧さはビジネスの世界では相応しくありません。そもそもなぜ古代ギリシャで論理学が発達したかといえば、地中海を通って西はイベリア半島、南はアフリカ大陸、東はシルクロードを通って遠く中国まで広く交易をおこなうなかで、そうした阿吽の呼吸によるコミュニケーションは困難であったからなのです。

　本書ではこれ以上深入りしませんが、現代人にはこうした論理の構造をよく知ってほしいと願っています。

---

*2　「東洋経済新報社は『会社四季報』を発行する」の対偶を考えると、社内では特別な意味合いを感じる社員もいるだろうが、ここではあくまでも論理に徹して考えたい。

Part

2

第 2 部

ツールとしての
数学の本質

道具としての数学の本質を知ろう

YAMAMOTO

問題が解けなくても「意味」を知りたい

　数学がわからなくなったときに、学生の頭にもっとも浮かぶ疑問は「なぜ、こんなことを学ぶのか？」ということではないでしょうか。

　もちろん、数学は科学技術の発展の基礎ですし、今の生活もそうした恩恵を受けていることは承知しているでしょう。しかし、そんなことは十分わかっているわけです。

　「なぜ、学ぶのか？」という問いに対して、「試験に出るから」と大人が答えてしまえば、「だったら、自分は文系にいけばいい」となって、数学との縁はそこで切れてしまいます。

　実は、このことがとてももったいないと思うのです。

　「なぜ学ぶのか？」という問いは、「どんな意味があるのか？」ということです。それが「どう役に立つのか」という以前に、「数学に出てくるいろいろな概念の意味と、それを支える考え方を知りたい」ということではないでしょうか。

　たとえば、微分の「意味」を考えてみます。

　意味というのは、一般的には辞書に書いてあります。「微分」という項目を引けば、こうなります。

　　　変数の微小な変化に対応する、関数の変化の割合の極限（＝
　　　微分係数）を求めること。その関数の変化量。

（岩波国語辞典）

　これで、微分の「意味」が理解できるなら話は簡単なのですが、そうはいかないでしょう。これは、あくまでも国語の定義です。国語学者の人は、やはり文系なのでしょう。

　そうではなくて、微分の意味を数学者に語ってもらいたい。「これが

公式だよ」というのではなく、微分なら微分、対数なら対数の意味を、もう一度「言葉で聞きたい」と思うのではないでしょうか。

いわゆる文系の道を歩んだ人も、社会に出てから数学のことを知りたいと思う人はたくさんいます。しかし、みんな「問題が解けるようになる」ことを目指しているわけではないでしょう。

そうではなく、数列とか、ベクトルとかなんとなく覚えていることの、「本当の意味」を知りたいと思うはずです。

数列は、数が並んでいます。数が増えたり減ったりするのは「関数」でも学びます。あえて数列で考えることには、どのような意味があるのでしょう。

対数は、指数と逆の関係だと書かれています。では、普通の数を対数にすると、世の中におけるどんなことがわかるのでしょうか。

ベクトルは矢印で表されます。しかし、それは数字として「内積」のように計算されます。これは数でしょうか、図形でしょうか。

確率は「確からしさ」であると習います。では「成功確率10%」という行動をおこなうことは、無謀なのでしょうか。それとも勇気ある行為なのでしょうか。

学校で学んでいるとき、こうした問いに対して答えてもらう機会はあまりなかったと思います。というよりも、そもそも学ぶ側がそういう問いを立てる機会もなかったですし、問おうとしなかった人も多いでしょう。

しかし、社会に出て仕事をするうちに、さまざまな事象の背後には数学的な論理があることに気づきます。

そうなると、単に数学の解法を求めることに悩んでいたことはいったん脇において、数学で教わったことのそもそもの意味をあらためて知りたくなるのではないでしょうか。

意味を知るとはじっくりと味わうこと

一方で、私たちは仕事をしながらさまざまな問いを発しています。

店の広さが限られているなかで、どの商品をどれだけ並べればいいのか。

人を評価するときに、どのような項目が必要なのだろうか。

毎年、同じような成長を前提にして売上目標を決めるのは、合理的なのだろうか。

また、生活においてもいろいろと考えます。

ローンを組むにはどのような方法がいいのか。カードの分割払いは、得なのだろうか。

細いパスタと、太いパスタがあったら、それぞれとのようなソースが合うのだろうか。

降水確率50%のときに傘を持っていったとき、雨が降らずにどこかに忘れる確率のほうが高いんじゃないか。

こうした日常のさまざまな事象の背後にも数学的思考が求められます。まあ、傘についてはとりあえず折り畳みのものを持っていけばいいと思いますが。

いずれにしても、「もし数学がわかれば、もっとスッキリと考えられるのに」と感じる機会は多いと思います。

もちろん、完全な解答を求めることはできないでしょう。しかし、数学的に思考することができれば、日々の仕事や生活の見通しがよくなるでしょうし、困ったときにも冷静に考えられると思います。

第2部では、かつて学んだ数学のさまざまな領域について解き明かしていきます。それは、「ツールとしての数学」の本質を知ろうという試みです。

それぞれの領域について、まず山本が再度教科書などを読み直して、定義などを確認していきます。そして、「実際のビジネスや生活のどのようなときに数学が顔を出すのか」という視点で、その意味を考えていきます。

曽布川は、数学者の目でさまざまな数学的思考の本質を明らかにしていきます。そこでは、単に「これが公式です」というわけでは、ありません。

そうした数式などの背景にある意味を、できるかぎり言葉によって説明していきます。

そして、それぞれの意味をじっくり味わってもらいたいと思います。

意味を知る、というのは1つの答えを求めるということとは、ちょっと異なると思います。1つの言葉にいろいろな意味合いがあるように、数学の背景にもさまざまな意味があります。

つまり、1つの定理や公式をどう捉えるかという説明もさまざまなのですが、ぜひその意味を「味わって」ほしいのです。単に暗記するのは、味わうことなく「飲み込む」ことと一緒です。

それでは、おなか一杯になるだけで、数学的思考の本質はわかりません。

味わってみれば、「意外と甘かった」「やっぱり苦かった」と人によって感じ方はさまざまでしょう。しかし、数字と記号の羅列の背後にある意味を味わうことは、きっと私たちの思考を豊かにしてくれると思います。

数学的に「話す」「書く」の第一歩として

この第2部では基本的に「意味」がわからなくて「モヤモヤしているのはどこか」という指摘を受け、それに対して「そもそもの本質はなんなのか」を解き明かそうとしています。

そして、数学の本質を語ろうとするときには、普通の人が日常読んだり書いたり、また話したり聞いたりする言葉からすると少し違った表現が見られることになります。

その大きな特徴が、数式や図表です。ところが、その数式や図表といったものになじめないということが、数学が「わかりにくい」と感じる理由の大きな部分を占めています。

曽布川は学生指導の経験を重ねるなかで、数式や図表を含んだ文章を声に出して読ませることが大切だと考えています。一方で、細かい数式や、まして図表など声に出して読むのは煩雑で、意味がわからな

くなってしまったり、ますます嫌になってしまったりします。

　そこで数式や図表はひとまとめにして「これこれ」や「かくかくし
かじか」と読ませることにしています。やや特異な方法に思われるか
もしれませんが、あえて数式や図表の部分を飛ばして読み、文章全体
の構造をつかむことを第一にしているのです。これが数学的に「話す」
「書く」ことの第一歩なのです。

　この先の文章では、文の中に図表や数式がそのまま織り込まれるよ
うに書かれていることがよくあります。そういうときは、とりあえず
は「これこれ」と心の中で読んでみてください。

　極端にいえば、数式や図表の部分を飛ばして読み、文章全体の構造
をつかむことを第一にしてください。これが数学的に「話す」「書く」
ことにつながります。そして、この本自体が数学的に書かれたものの
１つの例として見ていただきたいと思いますし、読みにくいと感じた
ら、この「これこれ・かくかくしかじか」法を使ってみてください。

　慣れてくれば、心地よくなり、自然に数学的に思考していくきっか
けとなるはずです。

第3章

数列

金利計算、ローンの計算……生活にかかわる数学

　数学を学んでいく過程では「つまずいた」記憶をもつ人は多いだろう。もちろん教材は「だんだんと理解できる」ようにつくられているけれども、どこかに「壁」を感じることはある。

　そのなかでいくと、数列というのは決してとっつきが悪いモノではないと思う。

　まず高校の教科書で習う内容をもう一度見ながら、数列をどのように学んだか、思い出してもらおう。現在は「数学B」で登場する。

　数列は数字の並びの規則を考えるものだ。そのため、教科書でもまずは「クイズ」のように扱われるものもある。

$$1, 4, 7, 10, 13, 16, \cdots$$

　こう並んでいれば、次は19が答えではないか。これは小学生でもわかるだろう。それに「等差数列」という名があることを高校で知る。

　こうして「見ればわかる」内容でも、数学の専門的用語で表現されているため、それが人によっては好き嫌いの分かれ目になるのかもしれない。

高校の数列においては、等差数列に続いて等比数列を学ぶ。

$$2, 6, 18, 54, 162, \cdots$$

2からスタートして、次々に3をかけていく。この次の数字は486となる。iPhoneの電卓アプリであれば「2×3＝」を押して、その後に＝を押し続ければ出てくる数字だ。

この数列は「初項2、公比3の等比数列」ということになる。

では数列の考え方は生活やビジネスにおいて、どのように応用されているのだろうか？　これについては、大変身近な例がある。

それは金利の計算だ。

現在使用されている高校の教科書にも「利息と等比数列」の話は出てくる。もっとも、現在の低金利の状況ではたとえ複利で計算しても利息はおそろしく少ないので、虚しくなるだけだろう。

むしろ、住宅ローンの金利と返済額をシミュレーションするほうが現実的な問題かもしれない。

そして、このような数列の考え方は投資における意思決定にも応用されている。投資金額が妥当かどうかを判断するために使用されるNPV（正味現在価値）を算出するためにも、数列の考え方は必須なのである。

財務系のことを勉強したときに、テキストの説明に出てきた数式が「数列」由来のものであることに気づいていた人もいるだろう。

このようなケースについては後ほど見ていくが、実際に住宅ローンの金利を計算するのに、数列の公式を使用する人はいないだろう。

現在であれば、ネット上で必要な情報を入れれば返済額はすぐにシミュレーションできる。また投資についてもエクセルなどのソフトで計算はできる。

ただし、その根幹となる数列の考え方を押さえておくことは大切である。すでに公務員試験や金融系の資格試験を受ける人は学んでいるだろう。

そして、数列の考え方を理解すれば家計管理でもビジネスでも、見通しが格段にクッキリするはずだ。

また、社会現象を読み解くうえでも、数列的な発想はきわめて大切になっているのである[1]。

いかつい"Σ"を見ると、苦手意識が……

そうしたことを踏まえて、もう一度数列について見ていくと、少し気になることがある。

まず、クイズのように穏やかにスタートした数列だが、もちろんそんなに生易しいものではない。良くも悪くも「数学らしくなる」のは、こういう数式が出てきたときだ。

$$\sum_{k=1}^{n} a_k = a_1 + a_2 + a_3 + \cdots + a_n$$

Σはシグマである。上記の式では、1番目の項からn番目の項までを足した総和を表している。

財務のテキストなどでも、いきなりこのようにΣを使った数式が出てくるものもある。

数学に苦手意識のある人であれば、この数式だけで「嫌な気分」になってしまうだろう。

もちろんΣの登場には必然性がある。「数列の和」をいちいち足して計算するのであれば、「算数」の話になる。ただ、数列の本質的な話の理解が進まないままに公式を覚えても、機械的に問題を解いているように感じるのだ。

そうなると、大人になって再度Σを見ても、どこか「嫌な感じ」になるのではないだろうか。

その後「漸化式」「数学的帰納法」と続くのだが、こうなるとこの章の冒頭で出てきたクイズのような「かわいい感じ」は失せてしまう。

---

*1　次節以降でいろいろなケースが出てきます。

　Σあたりからの構造がもう少し見えてくれば、数列を学ぶ意味もわかってくると思うのだ。

数列は関数の一種？

　そうしたことを踏まえて、もう一度数列について見ていくと、少し気になることがある。実は教科書に数列の例として、次のようなものもあげられているのだ。

$$31, 28, 31, 30, 31, 30, 31, 31, 30, 31, 30, 31$$

　これは、1月から12月までの日数（閏年でない）を並べたものである。つまり、なんでもいいから数字が順に並んでいるものは数列なのだが、実際に扱うのは等差数列や等比数列という、どちらかといえば「お行儀のいい」数列が中心になる。

　教科書が進むにつれて「いろいろな数列」という項目も出てくるが、ちょっと考えてみれば世の中における数列は、そんなに行儀のいいモノばかりではない。

　インフルエンザの感染者数などの予測を見ると、なんらかの数列になっているようにも見えるが、自然の世界で観測されたデータなどは相当にさまざまなのではないだろうか。

　そのように考えてみると、数列というのは相当に奥深いモノなのではないかと思うのだ。

　また、あらためて数列について見ていくと、きわめて素朴な疑問が生まれてくる。

　そもそも、「数列は関数の一種なのではないだろうか？」と思うのである。

　ちなみに関数自体は中学1年で学ぶ。2つの変数xとyがあって「xの値を決めると、それに対応するyの値がただ1つ決まる」ものが関数と定義される。

　そうなると、数列の項に対応した値は1つに決まっているので、た

とえば等差数列は1次関数ときわめて似たようなものになる。

では、なぜ関数ではなく数列として学ぶのだろうか？

関数であれば、xの値は連続的に変化している。一方で、数列であれば飛び飛びになる。だから、等差数列を無理矢理にグラフ化すれば、点がポツリポツリと打たれるだけだろう。

しかし、関数というのは相当広い概念なのだから、数列もその一種だと思えるし、そうした構造がわかったほうが数学を理解するうえでいいのではないか。

素人発想だからこそ、このあたりが気になってくるのだ。

計算の仕方ではなく、意味を理解する

このように考えていくと、数列の根っこの部分や全体像をあまりわからないまま、今に至っているのではないかとあらためて思う。

金利や投資の計算は、エクセルなどを使うことでそれ自体は容易にできる。ただ、その背景にある数列の考え方をもう一度きちんと理解することで、「数学的に話す」ことができるはずだ。

そこで、数列についてのモヤモヤを整理してみよう。

●数列は「なんでもあり」なのか？

等差数列や等比数列のようなものでなくても、数列であることは教科書でもあらためて確認した。では、「でたらめな数の並び」が得られたとして、そのような数列を計算することはどんなときに必要なのだろうか。

●数列は関数なのか？

「1つの値を決めれば、もう1つが決まる」というシンプルな発想で考えれば、数列も関数に思える。ではなぜ、あえて「数列」として考えるのか。そのメリットはなんなのだろうか。それは、数学全体の構造を知ることにもつながるのではないだろうか。

●Σのあたりで手強く感じられるのは錯覚なのか？

数列は学び始めたときはその概念を受け入れやすいが、途中からグ

ンと抽象度が高くなるように感じられる。それは学び手の理解力の問題なのだろうか。それとも、教え方によって変化するのだろうか。財務関連のテキストなどでも Σ＝ という式はよく見かける。そういうときに、アレルギーにならないようにもう一度体得するにはどうすればいいのだろう？

　というわけで、このあたりのモヤモヤについて整理していければと思うのである。

そもそも 数が並んでいれば、なんでも数列

SOBUKAWA

規則はあっても、なくても数の列は数列

数列とは読んで字のごとく、数の列です。

（1） 1, 2, 3, 4, 5, 6, 7, 8, 9, 10, 11

（2） $10, \dfrac{2}{9}, 57, -2.4, \sqrt{3}, 327, \dfrac{355}{113}, 81$

（3） 29, -27, 25, -23, 21, -19, 17, -15

こうやってどこかで終わってしまうものも考えますが、永遠に続くものも考えます。

（4） 2, 5, 8, 11, 14, 17, 20, 23, 26, 29, 32,…

（5） 3, 1, 4, 1, 5, 9, 2, 6, 5, 3, 5, 8, 9, 7, 9,…

（6） 2, 4, 8, 16, 32, 64, 128, 256,…

（7） 27, 18, 28, 18, 28, 45, 90, 45, 23, 53,…

これらの例をながめて何か気づきますか。単に数が並んでいるだけでなく、何か規則にしたがって並んではいないでしょうか。

数が並んでいればどんなものでも「数列」といいます。上の例で「規則性」、やさしくいえば「並び方」がわかるものがあります。（1）（3）（4）（6）については並び方に気づく人も多いかもしれません。

（5）はどうでしょう[*2]。（7）のつくり方は相当に見慣れないものですが、実はちゃんと並び方が決まっています[*3]。

[*2] 円周率に現れる数字を最初から順に並べました。

[*3] ネイピア数（自然対数の底e）に現れる数字を最初から順に2つずつ並べてつくった2ケタの数。

さて、（2）はどうでしょう。これは超難問だと思います。ちなみに
この「81」の次は「−3005」です。

さらにもう1つ難問をあげてみましょう。こんな数列です。

$$1475, 859, 907, 898, 728, 859, 1302, 1407,$$
$$1547, 1518, 1817, 1494, 1721, 1804$$

これを見ただけでわかった人はなかなかいないと思いますが、その
答えは後回しにして、少し数列の記号を用いて表してみましょう。こ
の列全体をTという文字で表すことにします。なぜTかについてはと
りあえず想像にお任せします[*4]。さらにこれを次のように表すことに
します。

最初の数は1番目だからT_1　すなわち$T_1 = 1475$
次は2番目だからT_2　すなわち$T_2 = 859$
次は3番目だからT_3　すなわち$T_3 = 907$
次は4番目だからT_4　すなわち$T_4 = 898$
$$\vdots$$
最後の数は14番目だからT_{14}　すなわち$T_{14} = 1804$

15番目があるのならT_{15}、16番目はT_{16}と書くべきですが、それでは
キリがないですね。もっとずっと先の番号も考えたいので、評判が悪
いですが数学の流儀を用いて「n番目をT_n」と書くことにしましょ
う[*5]。

さて、数列の並び方を「なんとなくこんな感じ」でわかるのはとて
も大切ですが、その感覚は他の人には簡単には伝えられません。

そこで世界共通で使われている言語である数式でこれを表すことを

[*4]　筆者の頭文字かもしれません。

[*5]　この並んでいる数のことを数列の「項」と呼ぶ。n番目の項、第n項のことを「一般項」と呼ぶこと
もあります。

考えましょう。すなわち、

$$T_n = n の式$$

と書きたいと思います。

ただし、ここで1つ大切なことをアドバイスしておきます。この T_n をすべての n について成り立つように n の式で表すことができたら、それを絶対に他人に教えてはいけません。もしあなたひとりがそれを知っているならば、あなたは莫大な富を得ることができるのです。それを独り占めしてもらうために、この問題はひとまずおいて、先にあげた例について考えてみましょう。

（4）の数列を $a_1, a_2, a_3, \cdots$ と書くことにします。最初が2で、3ずつ増えています[6]。

$$a_1 = 2, \ a_2 = 5 = 2 + 3, \ a_3 = 8 = 5 + 3 = (2 + 3) + 3 = 2 + 3 \times 2,$$
$$a_4 = 11 = 8 + 3 = 2 + 3 \times 3, \ a_5 = 14 = 2 + 3 \times 4, \ \cdots$$

この規則が続いていくので、

$$a_n = 2 + 3(n - 1) = 3n - 1$$

と表すことができることがわかるでしょうか。

同じように（6）の数列を $b_1, b_2, b_3, \cdots$ と書くと、

$$b_1 = 2, \ b_2 = 4 = 2^2, \ b_3 = 8 = 2^3, \ b_4 = 16 = 2^4, \ b_5 = 32 = 2^5, \ \cdots$$

と続いていくので、

---

[6] このとき増える量を「公差」と呼びます。そしてこの数列は「公差が3、初項が2の等差数列」といいます。

$$b_n = 2^n$$

と表すことができます。（3）の数列はわかりそうにも見えますが、難しいかもしれませんね。これを $c_1, c_2, c_3, \cdots$ と表すことにすると、

$$c_n = (-1)^{n-1}(31 - 2n)$$

となっています。こう書くとすぐに「どうやって解いたの？」「解き方は？」と思ってしまう人が多いでしょうが、それはそういう解説書を見ていただくなり、得意な人に聞いていただくなりすることにしましょう。

むしろ「数列とは何か」「何を意味しているのか」を考えることが、本書の目指す「使えるため」の近道です。

そのためにもぜひ、この式において n として 1, 2, 3, … を順に当てはめて計算して、実際に合っているか確かめてください。

こういう1つずつの計算が確実な理解を生みます。このように具体的に数列の値を計算して何か気づいたことはありませんか。

n を決めるとそれに対応して数列の値が決まる

実はこのことはとても大切な意味があります。それは言い方を換えると、

数列 a_n は、番号 n の関数である

ということなのです。関数というと式のことだと思われがちですが、式ではっきり表されていなくても、値がしっかり決まれば関数といいます。たとえば先の例の（5）や（7）でも n（何番目か）が決まれば値が決まるので、関数といえます。

Σは実はとても簡単

さて、この数列の関係でもう1つ問題になるのは、次のような記号です。

$$\sum_{k=1}^{8} 243\left(\frac{2}{3}\right)^k - 6k$$

見ただけで気分が悪くなるという人もたくさんいるでしょう[*7]。しかしこれは実はとても簡単なのです。この数式のもつ意味をきちんと述べましょう。これは、

数列 $x_k = 243\left(\frac{2}{3}\right)^k - 6k$ を、$k = 1, 2, 3, 4, 5, 6, 7, 8$ と並べて全部加える

もう少しわかりやすくいえば、$x_k = 243\left(\frac{2}{3}\right)^k - 6k$ と定められた数列 x_k について、

$$x_1 + x_2 + x_3 + x_4 + x_5 + x_6 + x_7 + x_8 \text{ を計算せよ}$$

ということです。x_k という書き方はわかりにくいですから、具体的に書いてみましょう。

$$x_1 = 243\left(\frac{2}{3}\right)^1 - 6 \cdot 1 = 162 - 6 = 156$$

$$x_2 = 243\left(\frac{2}{3}\right)^2 - 6 \cdot 2 = 108 - 12 = 96$$

$$x_3 = 243\left(\frac{2}{3}\right)^3 - 6 \cdot 3 = 72 - 18 = 54$$

[*7] これがわかりにくいのは、意味がよくわからないのにすぐに「解き方」「公式」の話になってしまうからです。

$$x_4 = 243\left(\frac{2}{3}\right)^4 - 6 \cdot 4 = 48 - 24 = 24$$

$$x_5 = 243\left(\frac{2}{3}\right)^5 - 6 \cdot 5 = 32 - 30 = 2$$

$$x_6 = 243\left(\frac{2}{3}\right)^6 - 6 \cdot 6 = \frac{64}{3} - 36 = -\frac{44}{3}$$

$$x_7 = 243\left(\frac{2}{3}\right)^7 - 6 \cdot 7 = \frac{128}{9} - 42 = -\frac{250}{9}$$

$$x_8 = 243\left(\frac{2}{3}\right)^8 - 6 \cdot 8 = \frac{256}{27} - 48 = -\frac{1040}{27}$$

すなわち、

$$\sum_{k=1}^{8} 243\left(\frac{2}{3}\right)^k - 6k = 156 + 96 + 54 + 24 + 2 - \frac{44}{3} - \frac{250}{9} - \frac{1040}{27}$$

ということになります[8]。

　さて、最後に先に述べた T_n がなんであるかをお教えしましょう。

　答えは「東京証券取引所の2007年から2020年までの大納会大引けの東証株価指数（TOPIX）」です。スペースの都合上、小数点以下は切り捨てています。T_1 が2007年末、T_2 が2008年末です。

　もしこの数列の法則がわかったならば来年の大納会のTOPIXがわかってしまうわけですから、それはもう大儲けできること間違いなしですね。

---

[8] ここで計算をすることを考えてはいけません。それはコンピュータに任せることにして、私たちは式のもつ意味を考えます。

応用　数列で金利とローンの仕組みを理解する

応用例の代表「金利」

　数列の「モヤモヤ」を振りかえって、「そもそも」を学び直してみたわけですが、さて数列は私たちの生活においてどのようにかかわってきているのでしょうか。

　本書では、現在仕事をしたり、毎日生活しているなかで数学がどのようにかかわっているかを明らかにしていこうとします。そういうわけで、まず数列についての実践例を考えてみたいのですが、これについては「鉄板」ともいえるケースがあります。

　それは「金利」です。

　誰が考えたのかはさておき、人々が生活するうえで金利とのつき合いは避けられません。そして、数列が金利と密接に関係していることは、高校数学の教科書にも書かれています。

　そこで、もっぱら対象になるのは「複利」の事例です。

　実際に教科書の例を見てみましょう（東京書籍の『数学B』からの抜粋と要約です）。

　ここでは、10万円を年利2%で預金したことにする。複利であるから1年後の額が元金となり、さらに2%の金利がついています。

　1年後　$100000 \times (1 + 0.02) = 100000 \times 1.02 = 102000$
　2年後　$100000 \times (1 + 0.02)^2 = 100000 \times 1.02^2 = 104040$
　25年後　$100000 \times (1 + 0.02)^{25} = 100000 \times 1.02^{25} \fallingdotseq 164100$

　さらに、毎年はじめに10万円を積み立てていくとどうなるか。複利で2%の場合、25年でどうなるのか。以下のような計算から得られる

答えは、326万円となります。元本が250万だから複利のありがたみがわかりますが、残念ながらこのような金利は日本ではしばらく望めないでしょう。

$$\frac{(100000 \times 1.02) \times (1.02^{25}-1)}{1.02-1} \fallingdotseq \frac{102000 \times 0.641}{0.02} = 3269100$$

いずれにしても、教科書の説明は以上のようにシンプルです。これは以下のように表すことができます。

図表3-1　金額a円を年利率rで預金するとどうなるか

	元金	利息	元利合計[＝元金＋利息]
1年後	a	a×r	a(1+r)　[＝a+ar]
2年後	a(1+r)	a(1+r)×r	a(1+r)^2
3年後	a(1+r)^2	a(1+r)^2×r	a(1+r)^3

年利2%であれば、1+r、つまり1.02の2乗、3乗が元金にかかっていきます。そして、25年であれば25乗になるわけで、まさに等比数列の世界です。

個人的に思い起こすと、このような事例が教科書に載っていたかは覚えていないのですが、高校の授業で先生が応用例として話していた記憶はあります。

ただし、先述したように今の日本では預金商品でこのような数字になることは、ちょっと現実的ではありません。

そんなこともあってか、今の教科書をいくつかのぞいてみると、やはり預金の話ばかりではなく、住宅ローンのことが書かれています。

この本の読者にとっても、微々たる預金利息よりはローンの返済計画に関心があるのではないでしょうか。

　では、このローン返済について数列の観点から見てみましょう。

住宅ローンはどのように減っていくのか？

　預金と同じように住宅ローンもまた複利です。

　仮に年3%の利率で3000万円借り入れたとします。ここで、まったく返済しないと1年後には3090万円となります。

　そのまま1年放っておくと、この3090万円にさらに利息がつくことになるので、

$$30900000 \times 1.03 = 31827000$$

というように、どんどん増えていきます。

　つまりn年後の元利合計は、

$$30000000 \times (1.03)^n 円$$

ということになるのですが、例題などには、「30年後はどうなるでしょう？」と書いてあって、これを計算すると7280万ほどです。

　最近の金利はもっと低いでしょう。仮に1%としても総返済額は4043万円です。

　ただし、実際に返済をおこなっていくときはどのように減っていくのでしょうか。ここでは、以下のような条件で数字を見てみることにします。

- ◆ 借入額は1000万円
- ◆ 金利は3%
- ◆ 毎月均等に10万円ずつ返済
- ◆ 返済方式は元利均等

　これはエクセルで見ることができます。とりあえず、こつこつと2

年間返したらどうなるかを計算したのが**図表3-2**です。実際にローンを組んだことがあれば、似たような表を見たのではないでしょうか。

図表3-2 返済予定を計算する

	A	B	C	D	E
1	年利3%	毎月10万円返済			
2		この間の利息	返済額	元本返済分	元利合計
3	借り入れ時				10,000,000
4	初回返済	25,000	100,000	75,000	9,925,000
5	２ヶ月後	24,813	100,000	75,188	9,849,813
6	3	24,625	100,000	75,375	9,774,437
7	4	24,436	100,000	75,564	9,698,873
8	5	24,247	100,000	75,753	9,623,120
9	6	24,058	100,000	75,942	9,547,178
10	7	23,868	100,000	76,132	9,471,046
11	8	23,678	100,000	76,322	9,394,724
12	9	23,487	100,000	76,513	9,318,210
13	10	23,296	100,000	76,704	9,241,506
14	11	23,104	100,000	76,896	9,164,610
15	12	22,912	100,000	77,088	9,087,521
16	13	22,719	100,000	77,281	9,010,240
17	14	22,526	100,000	77,474	8,932,766
18	15	22,332	100,000	77,668	8,855,098
19	16	22,138	100,000	77,862	8,777,235
20	17	21,943	100,000	78,057	8,699,178
21	18	21,748	100,000	78,252	8,620,926
22	19	21,552	100,000	78,448	8,542,479
23	20	21,356	100,000	78,644	8,463,835
24	21	21,160	100,000	78,840	8,384,994
25	22	20,962	100,000	79,038	8,305,957
26	23	20,765	100,000	79,235	8,226,722
27	24	20,567	100,000	79,433	8,147,289
28					

　これは銀行などの金融機関から送られてくる「返済予定表」と同じようなものです。これをエクセル上では、どのように計算しているのでしょう？

　まず、年利3%ということは、月当たり$\frac{1}{12}$の利息がかかっている

と考えます。つまり、$\dfrac{0.03}{12}=0.0025$を元金にかければ、返済1カ月目の利息がわかります。

このエクセルだと、B4のセルに「＝E3*0.0025」と入れます。金額は2万5000円です。毎月の返済金は10万円なので、元本の返済分はその差額の7万5000円となり、D4のセルは、「C4-B4」です。

翌月は、2カ月目の残高であるE4のセルの値の0.25％となります。分母が減っているので、当然利息の支払いも減少して、その分元本返済分はやや増加しました。

3カ月目以降も、同様に見ていきます。このようにしていくと、毎月の利息がだんだんと減少していくことがわかります。

数列の式は、このようにしてエクセル上で計算すれば実際の動きは明快にわかります。また、ローンを返済するときに「最初は利息ばかりを返す」ということの意味も理解できるでしょう。

そうなると「繰り上げ返済」というものの意味もわかりやすくなるはずです。

ローンを返済し始めてから1年経ったときに、100万円を上乗せして返したとします。13カ月目の返済額は110万円となります。

そうすると、残高が大きく減少するので翌月以降の利息も減少していきます。

図表3-3　繰り上げ返済の影響

11	23,104	100,000	76,896	9,164,610
12	22,912	100,000	77,088	9,087,521
13	22,719	1,100,000	1,077,281	8,010,240
14	20,026	100,000	79,974	7,930,266
15	19,826	100,000	80,174	7,850,091

普通に毎月10万円ずつ返済したときの24カ月後の残高は、814万7289円ですが、100万円を加えたときの同じときの残高は711万9442円となり、その差は、102万7847円です。

100万円を早目に返すと、残高はそれ以上に減少していくことがわ

かります。

　このようにエクセル上で返済の流れを見ていくことで、数列と金利計算の関係がよくわかるのです。

[第3章まとめ]　≫　**数列を使って話す・書く**

- □ 数列は文字通り「数の列」であり、その並び方に制約はない。

- □ ただし、一定の規則的な数列であれば、その変化を予測することができる。

- □ 学校で学ぶ「等差数列」「等比数列」は、規則的なものの代表であり、さまざまな数列のなかで「お行儀がよく役に立つもの」といえる。

- □ そのために「時系列によって変化していく数値」を把握するような際に活用される。

- □ 数列を考えるときは、まず数字を並べて書いてみることが大切。特にΣが出てきても、手を動かす。もちろんそれではキリがないということを実感することで、Σの意味がわかってくる。

- □ Σは「キリがないものをとりあえず閉じ込める」ために書くツールで、「何番目の数字まで足すとどうなるか」を知るためのもの。その概念を知って、あとは表計算ソフトに任せれば実用的には十分と考えていい。

- □ 世の中には無数の数列があり、それを解析することで、さまざ

まな科学の分野に応用されている。膨大なデータを相手に格闘する研究は、勝手な動きをして暴れる数字を「手なずけていく」ような過程ともいえる。

□ それに比べれば、等差数列や等比数列は「飼い慣らされた行儀のいい数列」だと思っていいし、裏切ることなく未来を教えてくれるのである。

対数

グラフの縦軸を「対数でとる」って?

YAMAMOTO

「対数で考えるんだよ」と軽くいわれて

　高校までの数学で学んだことは、その後理系の学部に進学でもしない限り、まだらな記憶となっていることが多い。そうしたなかで対数については、logという記号とともに記憶されていると思う。

　ただし、これもまたどこかボンヤリしているところがある。イメージとしては、普通にグラフを書くなら 1, 2, 3, 4, … と同じ値で等距離になるけれど、対数では 1, 10, 100, … というようにして数値目盛りが等間隔になっている……そんなイメージである。

　しかし、近年になってあらためて仕事の現場で対数の考え方に触れる機会は多くなったのではないだろうか。

　それは、ビジネスの世界においてデータの分析をおこない、戦略に反映させることが増えてきたことと関係している。

　職場においてデジタル化が進行していくことで、さまざまなデータの可視化がはかられるようになった。そうなると、当然のように対象となるデータ量も増えていく。

　ただし、かかわる人がみんな数字に強いわけではない。

　データ分析に長けている人が資料をつくり説明をしているときに、「エ?」と立ち止まりたくなることも増えているのではないだろうか。

最近よく聞くのが「いきなり対数っていわれたよ」というものである。資料を見ていて普通のグラフかと思うと、いきなり「y軸は対数でとってあります」とかいわれたというパターンだ。

しばらく数学から離れているので、前ぶれもなくそういうことをいわれても、理解までに時間がかかる。

「理解したつもりだけど、何かモヤモヤしたままだった」

そういうことをよく聞くのである。対数の考え方がどんなところで使われているのか？ とケースを考える前に、「そもそも対数をどのように学んできたのか？」ということを思い出してみよう。

指数と対数は裏返しの関係だけど

対数は現在だと、高校の数学Ⅱで学ぶことになっている。そして、章のタイトルは「指数関数・対数関数」と書かれている。

つまり、まず指数を習って、それから対数にいく。そういう順番だ。

ただし、指数関数の話は比較的とっつきやすいと思う。

$$a^m \times a^n = a^{m+n}$$

こういう式を見ても、まず素直に納得できるのではないだろうか。仮に$a=2$としてmを3、nを4とする。$8 \times 16 = 128$が2の7乗であることに違和感はない。

人によって差はあると思うが、指数関数はあまり怖くはない。強いていえば、$a^0 = 1$という式を見たとき「なんで？」と思うことくらいだろうか。

もっとも、これにしても少し手を動かせばすぐに証明できる。

そして、対数は指数の裏返しである。しかし、スッと入ってくる感じがしない。なぜだろうか。

logの式は何を示しているのだろうか?

指数をひと通り学んだあとの、対数の定義はシンプルだ。

$$M=a^p \quad \Leftrightarrow \quad \log_a M=P$$

この$\log_a M$を「aを底とするMの対数といい、Mをこの対数の真数という」というように教科書には書かれている。

logという知らない文字並びに加えて、底や真数という言葉も出てくる。そして、指数の式のように直感的にわからない人も多いのだろう。

だから教科書によっては、こんな説明もされている。

図表4-1 対数の説明のされ方

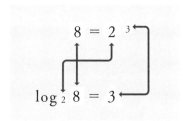

出所:『新高校の数学Ⅱ』(数研出版)

とにかく、まずはこのように覚える必要がある。そして、公式などを覚えていけば対数の問題も解くことはできるだろう。

しかし、それなのに「縦軸は対数」というグラフが「スーッと入ってこない」という人が多いのはなぜなのだろうか。

それは、対数の式だけをとりあえず覚えたとしても、「対数とはそもそもどういうもので、どのように使われるのか」ということがわからないままになっているからではないだろうか。

大げさにいえば「対数の精神」が理解できていないのだろう。いや、対数に限らず数学のいろいろな技法には、それが生まれてきた背景が

あり、必然性があるはずだ。

　そういうことを抜きにして、単に数式を覚えているようなことが多いのではないだろうか。

身近でも増え始めた対数の話

　そんなわけで、対数を学んだときだけ式を覚えて計算をすれば、その後、多くの人は特につき合うこともなく生活を送り、仕事をしている。

　しかし、ここにきてもう一度対数や指数の話に触れることが多くなった。それは、あらゆる世界でデジタル化が進み、「見えないデータが見えてきた」ことと関係していると思う。

　たとえば「売れている商品／売れていない商品」をどう捉えるべきだろうか。どんな事業でも「売れているものは増産する」ということは常識だ。では、売れていない商品はどうするべきだろうか。

　単に売上上位からの棒グラフをつくって検討していたのが「今までの」普通の方法だった。それでも数の大小を比較することはできたのである。

　1つのメーカーであれば、生産する製品は限られているので、こうした方法でも十分かもしれない。

　しかし、無数といってもいい多くの商品を扱う流通業ではどうだろうか。

　もちろん人気商品のためには大きな棚を確保するが、売れない商品はそのうち店頭から消えていく。店のサイズが決まっている場合は、普通に分析していればいいだろう。

　しかし、これがネットショップならどうなるだろうか？

　普通の店では見当たらないような商品でも根強いファンがいることはある。そうした商品まで大きな倉庫に置いておくことができれば、どうなるのか。

　もしかしたら、そういう商品までも売ることでビジネスの機会が増えるかもしれない。そういう視点で分析がおこなわれるようになっ

た。

　そこでキーワードとなったのが、「ロングテール」という言葉である。売り上げの高い順に左から棒グラフをつくっていくと、右のほうには延々と売り上げの低い商品が並んでいく。

図表4-2　ロングテールの法則

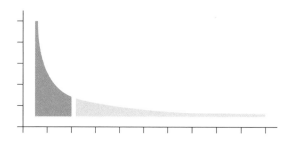

　しかし、この売り上げを合計していくと、大きなビジネス機会になっていくのではないか。

　そう考えて品揃えやプロモーションを見直すなどのアプローチをしたことで成果をあげる企業が出てきたのだ。そしてこの右に伸びた部分が恐竜の尻尾に似ていることで「ロングテール」という言葉がいっとき脚光を浴びたのだ。

　しかし、このようなグラフだと、この売り上げの数字の分布がどのような性質をもっているかがわかりにくい。

　そこで、両方の軸を対数にしてみることで、その性質をわかりやすく把握することができるようになったのである。

図表4-3 ロングテールを対数のグラフにする

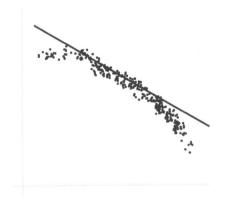

　このグラフをあらためて見ると、右肩下がりの直線に収れんしているようになっていることがわかる。対数の性質がもっともよくわかる一例だろう。

　デジタル化が進むと、今までにない視点でデータを分析するようになる。ロングテールの議論は、2000年代の初頭に話題になったのだが、その後もいろいろなデータを分析していくと「対数」に接する機会が増えてきた。

　しかし、このような説明を聞いて「ああ、なるほど」とすぐに思えただろうか。

　「対数ってそもそもなんだっけ？」と感じる方も多いのではないだろうか。

　あのlogをめぐる式は、とりあえず覚えたとしよう。しかし、それがどのようなときに役立つかは、あまりわかっていなかったのではないか。

　そして、ビジネスの現場でも再び対数という概念に触れることが増えてきた今、その本質を知っておくことはとても重要だと思う。

そもそも 対数はものの見方の1つである

対数で中国のGDPを見る

　対数をわかりにくいと思う人は少なくないようです。その厳めしく見える記号だけでなく、意味がよくわからないという場合も多いでしょう。まずはこんなデータを見てください。

図表4-4　中国のGDP

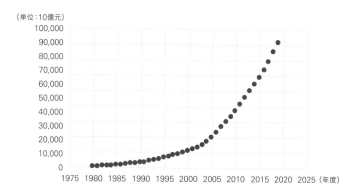

　縦軸はGDP、横軸は年度です。たしかに中国のこの40年間の発展はめざましいものがありますね。

　でも、このグラフを見ているだけでは、単に「すごい発展だ」ということぐらいしかわかりません。

　ここで経済の基本を考えてみましょう。常に考えるのは「前年同月比〇〇％」、言い換えれば「何倍になったか」という指標です。

　こうした見方をとるときには、対象とする数値の対数をとって考えてみるとうまくいくことがあります。

　試しに、縦軸に「GDPの10を底とする対数[*1]の値」をプロットしてみましょう。

図表4-5 中国のGDPの対数の値

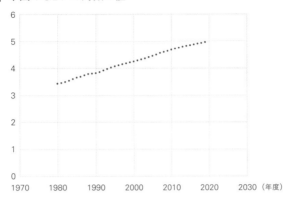

　何か傾向がわかるでしょうか。直線になっています。グラフを見ると、40年間で対数の値がおよそ1.5上昇しています。

　さらに1980年度は対数の値が3.4です。このことから次のような関係になっているといえるでしょう[*2]。

$$\text{GDPの対数} = \frac{1.5}{40}(\text{当該年度} - 1980) + 3.4$$

　もう少し数式らしく書くならば、X年度のGDPの額Pは、

$$\log_{10}P = \frac{3}{80}(X - 1980) + 3.4$$

で表されているということになります。

　前節で述べた対数の定義を思い出してみましょう。

　それを逆に使って書き直すと、GDPの額が、

$$P = 10^{\frac{3}{80}(X-1980)+3.4} = (10^{0.0375})^{X-1980} \times 10^{3.4} \fallingdotseq 2511.9 \cdot 1.09^{X-1980}$$

[*1] 常用対数といいます。

[*2] わかりにくい人は、①直線だから1次関数である、②1980年度ではおよそ3.4になっている、③2019年度では4.9になっている、というところだけを確かめてください。

という式で表されることがわかります。

　まさに「指数関数的増加」です。しかもこれからXが1増えるとP
は1.09倍になっていることがわかります。

　すなわちGDPがおよそ毎年9％ずつ増えているということなので
す。私たちがこの40年間ニュースで耳にしてきた金額になっていま
す。しかもその割合はほとんど変わっていません。すなわちこれだけ
の高成長を40年近くにわたって続けてきたということなのです。

対数を使う明確な理由はない、ただ……

　さて、ここでやったことをもう一度見直してみましょう。

　1. グラフにプロットしてみると急激に増大していく数値とわかった
　2. とりあえずその値すべてについて（常用）対数をとってみた
　3. 対数の値を年度ごとにプロットしてみた
　4. 対数の値のグラフは直線になるようだ
　5. 対数の値は1次関数で表されそうだ
　6. 実際に表してみた
　7. 毎年の対前年比増加が一定であることがいえそうだ

　ここで「なぜ対数をとったのか」という疑問に対する完全な答えは
ありません。ただ、

　　　経済現象は対前年比が安定していることが望ましい
　　　＝指数関数的な見方をしてみよう
　　　＝対数をとってみる

というトライアルをしてみたところ、うまく状況がわかったのです。
この手法は経済を分析するうえでよく観察する現象、たとえば、

　◆GDPなど経済の大きさを表す指標の変移

◆ 売上高の変移、特にロングテールで小さくなっていくようなデータ
◆ 半導体の集積率（ムーアの法則）

といったデータを見るうえで役に立つことが多いのです。言い換えれば、対数とは「単に急激に増えて／減っていく」といってしまうよりも、さらに精確な「データの見方」の1つなのです[*3]。

---

*3　1つの見方ですから、常に同じように役立つとは限りませんが、とりあえずやってみる価値はあります。

応用　対数という窓で企業を見直す

同業3社の売り上げの比較をおこなってみる

　ここまで対数の話を読んできた人は、あらためてこう思ったかもしれません。

　「では、対数はどのようなときに使うのか？」

　言い換えれば、「対数の窓」はどんなときに有効なのでしょうか。

　先の例はx軸が時間軸でy軸が対数というグラフでした。

　これは時間の経過にしたがって、yの数字が指数関数的に上昇していく場合に使います。

　つまり、短時間で急増する、いわば「爆発的な増加」のようなケースです。つまり「普通のグラフでは手に負えない」ときに有効です。

　人口の増加などでは、このようなグラフで分析されることもありますが、先のように経済成長を対数で分析するようなケースは、あまり見たことがないかもしれません。ただし、1980年以降の中国の成長率は、まさに「対数の窓」で見ることでその実態が理解できると思います。

　では、さまざまなデータを対数として見直すと何がわかるでしょうか。

　先ほどは、国の経済成長率でしたが、企業の成長を「対数の窓」から見てみます。

図表4-6 同業３社の売り上げを実数で比較

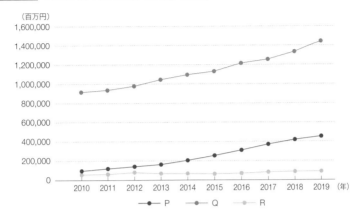

　図表4-6では、同じ業界のP、Q、Rの3社について比較しています。

　まずは売り上げの実数比較です。まずQは圧倒的に規模が大きく、かつ順調に数字を伸ばしていることがわかります。

　またPは、短期間で急速に成長しており、そのカーブはQと比べても遜色ないように見えます。

　一方で、Rは当初の売り上げこそPと近い数字でしたが、9年ほどで大きく差が開いています。

　なおRの売り上げは横ばいのように見えるかもしれませんが、当初に比べれば、1.55倍で、Qの1.58倍とあまり変わりません。

対数で比較すると「勢い」の違いが明確に

　さて、この3社の売り上げを対数で見るとどうなるでしょうか。

図表4-7 同業3社の売り上げを対数で比較

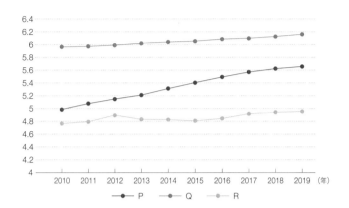

　ここでは、先と同じように「10を底とする対数」で見ていきます。その結果がこちらの**図表4-7**のグラフです。

　こうすると、先ほどとはまったく異なる光景を見ているような感覚になるのではないでしょうか。

　なんといっても、Pの伸び方が著しいことがあらためてわかります。

　「成長している企業」というのは、こうやって「対数の窓」を使うことによって、クッキリと見えてくるのです。

　ちなみに、このように対数で見ると、QとRの伸び方が類似していることも理解しやすくなります。

　このように、対数という窓から見ることで、企業の成長率を直感的に「勢い」として把握できます。いろいろな数字の動きを対数として見ると、さまざまな発見の可能性が広がるのです。

[第4章まとめ] ≫ 対数を使って話す・書く

□ 対数の意味を確認したいときは、まず指数関数を思い起こし、そこからの関係を確認する。

□ 実際のビジネスなどで使われる対数は、底を10とした常用対数であると考えておけばいい。

□ 対数は「倍々ゲーム」のように、等比級数的に増加する数を扱う際に便利なツールである。横軸に時間軸をとり、縦軸に10, 100, 1000, …と常用対数で等間隔に目盛りをとっていくグラフになる。

□ そうすると、指数曲線を直線で見ることができる。つまり「対数の窓」から数字の動きをつかむことで、増減の傾向をつかむことができる。

□「縦軸に対数をとってある」グラフで、直線的に増加している場合には、実際の値は等比級数的に増えていると考えればいい。減少の場合はその逆となる。

□「倍々ゲーム」ほど極端ではなくても、毎年同じような率で増減しているデータであれば対数で分析することで、傾向がつかみやすくなる。

□ 対数は等比級数的に増減するデータを、「クッキリ見るための窓」といえる。logという記号に惑わされて苦手意識をもってしまっては、ちょっともったいない。

状況を正しく見るための武器としての数学

SOBUKAWA

「連続的な数字」を認識することは難しい。専門的に数学を学ぼうと思った学生もまずここで難儀をします。今日100円、明日100円、明後日100円……、1カ月後にいくら増えているというような単純なものなら、理解できるでしょう。これが「リフォームでかかる費用の500万円のうち300万円を、無担保、年利8％の5年返済フリーローンで用意した場合、利子はどれだけつくんだろう」となったら、すぐにわかる人はそんなにいないでしょう。

数列を高校時代に乗り越えた人たちは、計算をたくさんこなしています。手を動かして計算していくうちに、無味乾燥な数列、つまり単なる数の列が意外につき合いやすいものに見えてくる。無味乾燥な数列につき合っていく根性が必要とされていたわけです。これは対数の分野も同様です。

高校で習う数列の分野では漸化式を習います。「ある項から次の項をつくる規則」と教えられているものです。これは非常にコンピュータと相性がいい。漸化式の理屈を理解して、エクセルで立式して、いろいろな数値を入れて計算させてしまえば、漸化式というのはこういうものなんだなとイメージできる。ところが、多くの高校の授業では、計算に注力している。エクセルで計算してしまうと、計算中心のこれまでの授業を変えないといけなくなるので、躊躇してしまっている。このあたりは変えないといけないと考えています。

第9章で、リボルビング払いをエクセルで計算していますが、リボルビング払いはどれだけの利子が膨らんでいくかが体感できると思います。ローンという形で見えなくなっている苦しい実態が、数学を使えば見えてくるようになるのです。

数列に限らず、数学をツールとして使えば、状況を見るための武器となります。

数字や数式に親近感をもつ方法

YAMAMOTO

　分割払い、リボルビング払い、いずれも「払い」という言葉を使っていますが、実態は借金です。分割払いとはいっても、ある買い物の代金を2回、あるいは3回……と回数を決めて分割して支払いますが、そこには分割手数料という名の利息が乗っかります。リボルビング払いは、利用金額や利用件数にかかわらず、支払いは毎月一定になるというものですが、やはり手数料という名の利息を払っています。通常のクレジット払いは無利息で、翌月払い、あるいは翌々月払いの形をとっていますが、後々、分割払いやリボルビング払いに引き込むための借金の一形態と理解するほうが実態に即していると思います。

　曽布川が指摘している通り、こういうことはエクセルを使うと、よくわかります。山本がエクセルを使うと体感的によくわかったのは、対数です。

　10を底にした常用対数は、高校の教科書の後ろに一覧表が載っていて、それを見ると、対数というのは、大きな数を扱うことが多く、縦軸が1から始まって、10、100、1000になるもの、と思い込んでしまいます。けれども、エクセルでグラフをつくってしまうほうがはるかにわかりやすい。経済成長率や企業の売り上げなど、常用対数の例よりも大きくない数字でも、エクセルで計算してみると、扱いやすくなる。数字のかたまりを一瞬にして、対数にできます。不思議と親近感や愛着がわいてくるように思います。「爬虫類を飼ってみたら、意外にかわいい」という感じに近いと思います。

　数字や数式という一見無味乾燥なものを乗り越えるためには、具象的なところ、具体的なところに、引き戻す必要があります。計算はその1つの方法だとは思います。ただ、それに労力がかかるときに、エクセル上で具体的な数字を入力して、その計算結果が出るときに、数学の意味と実用性がわかるのです。

ベクトル

ベクトルは図形の話なのか？

仕事でベクトルを意識するとき

　仕事をしているときに数学的な知識の重要性を痛感することはあっても、「ベクトル」のことを意識することは少ないと思う。

　むしろ、ベクトルという言葉は、たまに感覚的に使われたりする。たとえば、こんな感じだ。

　「先方とも、企画の考え方のベクトルは合ってると思うんだけど……」

　では何が違っているのかというと、納期や金額の折り合いがついていなかったりする。それでベクトルが合っているのかはさておき、この「ベクトル」という言葉の本当の意味は、意外と理解されていないように思うのだ。

　ここで、もう一度ベクトルについて、教科書に立ち返って定義を見ておこう。

　まず有向線分という概念が出てくる。これは「点Aから点Bに向かう向きのついた線分」ということだ（**図表5-1**）。

図表5-1 有向線分

　これはまったく問題なく理解できる。

　パワーポイントで、図形の「矢印」を選択して、クリックしてピッと引っ張れば描ける。

　そして点Aを始点とし、点Bを終点とした場合、この有向線分ABを$\overrightarrow{AB}$と書くのがベクトルの表記となる。$\vec{a}$というように1つの文字で表すこともある。

　そしてベクトルの大きさを表すのには$|\overrightarrow{AB}|$、$|\vec{a}|$と表現する。

　そして、このような説明がある。

　「有向線分の位置は問題にしないで、向きと大きさだけに着目したものをベクトルといいます」

　これが、ベクトルというものの説明だ。ここまでは、大体イメージできると思う。

　そして、記憶にあるのが「ベクトルの和」の図ではないだろうか。

図表5-2 ベクトルの和

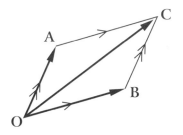

ベクトル$\overrightarrow{OA}$と$\overrightarrow{OB}$の和は$\overrightarrow{OC}$となる。AOBCという平行四辺形を描けばいいので、このこと自体は直感的に理解できたのではないだろうか。

そして、このあたりでは「ベクトルは図形の話だな」と感じることだろう。

このあともベクトルを実数倍するようなことも学ぶのだけれど、図形的な感覚で解くことができるのである。

図形だけでは解けなくなるベクトル

この図形的な感覚は物理の問題でも出てくる。「力の合成」という概念は「ベクトルの和」と同じ概念だ。この合力というのは中学で学んでいることもあり、ベクトルの話も受け入れやすいのだろう。

ところが、ベクトルを学んでいくとだんだんと図形問題的な要素が薄くなっていく。

まず「ベクトルの成分」という項目があって、このあたりでx軸とy軸からなる座標平面が登場する。こうなると、図形的な感覚ではなく、どうやら関数的な計算をする必要が出てくる。

そして、「ベクトルの内積」という概念が出てくる頃には、平行四辺形を描いていたような「のどかさ」はどこかにいっているのだ。

このベクトルの内積という概念はなんとなく記憶されている方もいるだろう。

ただ、しっかりと覚えている方は少ないと思うが、ここでは三角関

数の $\cos\theta$ が出てくるのである。

　くわしいことは省くが、図形問題のように見えていたベクトルの問題はここに来て一気に様子が変わってくる。

　このあとで、3次元を舞台にした空間ベクトルなども出てくるが、実際に試験問題などで手こずるのは、この「ベクトルの内積」以降の話だろう。

　では、そもそもベクトルとはなんだったのか？　場所は問わない「力の矢印」みたいなイメージで入ったら、どんどん遠い所に連れていかれた気分になったのではないだろうか。

　そうなると、「ベクトルのそもそも」というのはなんだったのか？という疑問が出てくる。

　ベクトルが数学においてどのような意味をもっているのか。また、それはどのようなときに使われているのだろうか。

　力の合成と関係が深いのであれば、建築物をはじめ、いろいろなモノの設計にかかわっているだろうとは見当がつく。しかし、それだけではないはずだ。

　あらためて、ベクトルのそもそもを知っておきたいのではないだろうか。

そもそも その1 ベクトルとは数の組である

ベクトルはいくつかの顔をもっている

大学生に調査をしてみると、ベクトルというのは高校時代に習った数学のなかでもっともわかりにくいと思われているようです[1]。

これにはいくつかの理由が考えられますが、その最大のものは「ベクトルとはそもそもなんなのか」がよくわかっていないことでしょう。

ベクトルというのはいくつかの顔をもっています。

- ◆ 物理学や工学の世界では基本的には「矢印」
- ◆ 幾何学（図形）では「有向線分」
- ◆ 代数学では「1つの数のようなもの」

どれも正しい見方なのですが、ビジネスの世界に使うときには今ひとつ使いにくい。そこで本書ではひとまず、

> ベクトルとは数（データ）の組である

という説明で始めることにしましょう。

例1. A工場ではある年の4月に製品Xが32t（トン）、製品Yが25t、製品Zが17t製造されたという。このとき数の組$(32, 25, 17)$はA工場の生産状況を表す。

この数の組をひとまとまりにして考えるので、それを「ベクトル・

---

[1] 早稲田大学「数学基礎プラスシリーズ」履修者アンケート結果による。

エー」と呼んで**a**と表しましょう。ベクトルを表すときには**a**のように太文字を使いますが、手書きできれいに太文字を書くのは面倒なので、ɑというような書体を使うことも多いです。高校までは$\vec{a}$と表しました。

　活字を使っていた頃はこの表記を印刷するのは面倒だったので太文字を使っていて今もその習慣が残っていますが、もしこの書き方に慣れているのならそれでもかまいません。

ベクトルの足し算と定数倍

例2. B工場では同じ年の4月に製品Xが16t、製品Yが11t、製品Zが9t製造されたという。このときベクトル**b**=(16, 11, 9)はB工場の生産状況を表す。

　このとき、A工場とB工場、2つのベクトルを「加える」「足す」という操作を考えてみましょう。

$$\begin{aligned}\mathbf{a}+\mathbf{b} &= (32, 25, 17) + (16, 11, 9)\\ &= (32+16, 25+11, 17+9)\\ &= (48, 36, 26)\end{aligned}$$

ここで得られたベクトル(48, 36, 26)はその年の4月のAとB、2つの工場で合わせて、製品Xを48t、製品Yを36t、製品Zを26tの生産量を加えたものとして意味をもつことがわかります。

　さて大切なのはここからです。ベクトルは複数のデータを並べたものであると思って議論を始めています。しかし、ここで「製品Xの」「製品Yの」「製品Zの」と限定して考えていると、「何にでも使えるスーパーツール」である数学を構築することが難しくなります。

　そこで「具体的なデータ」から離れたところで議論を組み立てることにします。いくつか並んだ数の組を「ベクトル」と呼びます[2]。

　並んでいる数の個数を「次元」と呼ぶことにします[3]。1次元でも3

次元でもかまいませんし、100次元でもかまいません。一般の議論を
するときにはn次元というような概念も使います。

　並んでいるそれぞれの数[*4]をそのベクトルの「成分」と呼ぶことに
します。なんのデータかがごちゃごちゃになっては意味がないので、
並んでいる数の順序を変えてはいけないことにしましょう。

　2つのベクトルの次元が同じであるとき、対応する場所にある成分
を足して得られる新しいベクトルを、それらの「和」ということにし
ます。AとBの工場の例のように、こう決めると複数のデータの組を
考えるときに役に立つことが多いのでこのように決めることにしま
す。

　ここでいくつか疑問がわきます。

製品Xと製品Zしか製造しない工場Cのデータを
工場Aや工場Bのデータに足すことはできるのか？

ここにあげた例ではそのデータを足すことは妥当なことです。ただし
他のケースも含めて混乱が起きるといけないので、工場Cの生産量を
表すベクトルとして、

$$(57, 45) ではなく (57, 0, 45)$$

という表し方をすることにしましょう。

　同じ次元のベクトルにのみ足し算を考えることにして数学の世界と
実際の世界の整合性をはかることにします。また、

---

*2　先に述べた「矢印」「有向線分」という見方を区別するために、数ベクトルという呼び方をすること
もあります。

*3　次元といえば「縦・横・高さ、4つ目は時間か？」などという雑念はビジネスには役立たないのでひ
とまず封印します。

*4　よく「数字」という言葉を使う人がいますが、ここでは「数を表す記号」を「数字」と呼び、「数」
と「数字」を区別します。「数字」とは27と書くか二十七と書くかXXVIIと書くかの話です。

> A工場の生産量のベクトルに、S氏の身長・体重・年齢の
> ベクトル(180, 76, 56)を加えてもいいのか？

という疑問もわきます。そんなものに意味があるのでしょうか。

　多くのものに使えるスーパーツール・数学のなかでは、いったん数として捉えたあとはそれが何を表していたのかは考えません。

<blockquote>同じ次元のベクトルは「数学としては」加えてもよい。</blockquote>

それが実際に意味のあるものなのかについては、ユーザの側がそれぞれ考えることにします。

　工場Aと同じものを全部で3棟建てれば、その生産量は3倍になります。ベクトルでも3倍するという概念を考えることにします。すなわち、

$$3\mathbf{a} = 3(32, 25, 17) = (96, 75, 51)$$

と、各成分を3倍したものをベクトル$\mathbf{a}$の3倍と定めます。もっと一般にベクトルのk倍という概念も考えましょう。このkとしては実数ならなんでもいいことにします。たとえば-3.8倍とか$\sqrt{5}$倍という概念も形式的に考えることにします。

　こうしてベクトルの「和」「定数倍」という概念を考えます。

横ベクトル（行ベクトル）と縦ベクトル（列ベクトル）

　ここでは数の組を括弧でくくってベクトルと呼ぶことにしました。これまでは特に断りもなく数を横に並べているのですが、実はそうとも限りません。第7章でも述べますが、数の組を横に並べたものを「行ベクトル（row vector）」、縦に並べたのを「列ベクトル（column vector）」と呼びます。

もちろん $(47, 6\sqrt{5}, -21)$ と書くのと $\begin{pmatrix} 47 \\ 6\sqrt{5} \\ -21 \end{pmatrix}$ と書くのではどちら

が省スペースかということもあるのですが、用途に応じて使い分けることもできます。たとえばA、B、Cの工場の例で考えると、製品Xについて着目するとき、A、B、Cの3つの工場での生産量を、

$$\mathbf{x} = \begin{pmatrix} 32 \\ 16 \\ 57 \end{pmatrix}$$

と表すことができます。こうすれば「工場ごとの様子」なのか「製品ごとの生産量」なのかを区別することができます。

　足し算や定数倍は列ベクトルで表したときにも同じように成分ごとに考えます。

　ただし、上の例からもわかるように、次元が同じであっても行ベクトルと列ベクトルを足すことはしません。

そもそも その2　ベクトルは矢印でもある

比較に使われるレーダーチャート

　さて、これらの工場の生産量を比較しましょう。もう1つ、製品X、Y、Zの生産量が(46, 39, 20)である4つめの工場Dも合わせて考えます。

　このときにビジネスの現場でもよく使われる便利なツールの1つがレーダーチャートです。

図表5-3 レーダーチャート

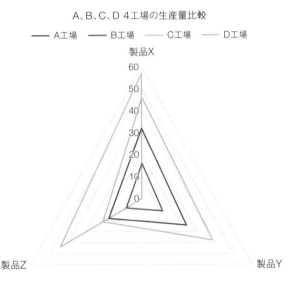

　ここでは4つの工場についてこのチャートから、

◆ A工場とB工場はどの製品も同じようにバランスよく生産するが、A工場のほうが生産量が多い

◆ C工場は製品XとZに特化しているが、全体として生産量がずっと多い

◆ D工場は製品XとYが中心であり、全体として生産量も多め

という傾向を見て取ることができます。それは描かれている多角形（この場合には3角形、データがn個ならn角形）の形を見て判断します。ここで重要なのは次の2点です。

◆ 描かれている多角形の広さ
◆ 図形のバランス

具体的にいえば、

「図形が広い＝生産量が大きい」
「図形が偏っている＝その製品のほうに寄っている」

すなわちこの「データの組」の「大きさ」「向き（偏り方）」を考えることに意義があるのです。

図形としてのベクトル

いくつかの種類のデータをまとめて数ベクトルとして見るうえでその2つの性質に自然に着目していました。レーダーチャートというのはその重要な道具ですが、実は大きな弱点が2つあります。それは、

◆ 3種類以上のデータをひとまとめにするときには使えるが、2つのデータでは使えない
◆ 4種類以上のデータを扱うとき、どういう順番に並べるかによって見え方が違う

たとえば同じデータの組でも、その順番を変えることによって、

図表5-4 レーダーチャートは並べ方で見え方が変わる

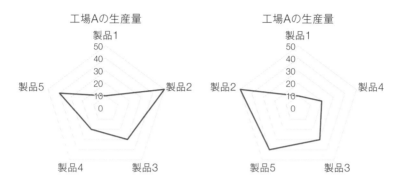

と、まったく違う状況に見えますし、2角形というのはありません。

そこでもっと別の形でこの「大きさ」「向き」を考えることにしたいのです。見やすいように、またレーダーチャートが適用できないケースとして、データが2つ、すなわち2次元のベクトルを考えましょう。たとえば、

$$\mathbf{x}_1 = \begin{pmatrix} 7 \\ 1 \end{pmatrix} \quad \text{と} \quad \mathbf{x}_2 = \begin{pmatrix} 2 \\ 3 \end{pmatrix}$$

のケースです。$\mathbf{x}_1$ は最初の成分に「寄っている」、$\mathbf{x}_2$ は2番目の成分に「寄っている」といえます。これを直感的に見るために、x軸とy軸をとって平面上の点で考えます。

そして原点から点$(7, 1)$までの矢印を$\mathbf{x}_1$、原点から点$(2, 3)$までの矢印を$\mathbf{x}_2$だと思ってみましょう。

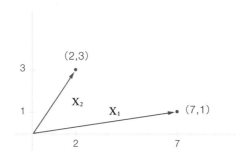

◆ **図表5-5**はこの「寄っている」感じを表していると思えないでしょうか

◆ 各成分が大きければ矢印は長くなりますね

この2つの矢印の間の角度が、それらの「向き」の違いを表していると見ることができます。すなわち角度が小さければ同じ向きを向いている。マイナスの成分を考えれば矢印は反対に向きますから、まさに反対向きという感じもします。また、その矢印の長さが大きさであると見るのも妥当でしょう。

さて、数ベクトルについてその足し算を考えました。足し算は図の上ではどう解釈できるのでしょう。
このケースでは、

$$\mathbf{x}_1 + \mathbf{x}_2 = \binom{7}{1} + \binom{2}{3} = \binom{9}{4}$$

となるはずですが、これは図の上では次の図のように「矢印をつなぐ」こととして捉えられるのではないでしょうか。

図表5-6 ２次元ベクトルを足してみる

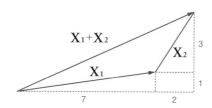

　定数倍の概念は、向きを変えずにそのまま伸ばすことに相当します。ただしマイナス倍するということは、矢印が逆を向くことになります。

ベクトルの大きさと向き

　前節では「数の組」であったベクトルをここでは「平面上の矢印」と思って見ることにしました。

図表5-7 平面上の矢印として見る

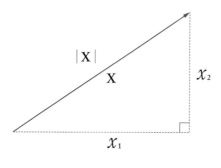

$$|\mathbf{X}|^2 = x_1^2 + x_2^2$$

このとき、「ベクトルの大きさ」は数ベクトルの立場からすると何になるでしょうか。そこで活躍するのが「3平方の定理（ピタゴラスの定理）」です。平面上では矢印の長さはその成分を用いて、

$$|\mathbf{x}| = \sqrt{x_1^2 + x_2^2}$$

となるのはすぐにわかるでしょう。少し図を描くのが難しいですが、3次元でも同様です。4次元以上はそれを図で考えることはできませんが、このことを発展させて、n次元のベクトル $\mathbf{x} = \begin{pmatrix} x_1 \\ x_2 \\ \vdots \\ x_n \end{pmatrix}$ に対して、その大きさを、

$$|\mathbf{x}| = \sqrt{x_1^2 + x_2^2 + \cdots + x_n^2}$$

と定めることにします。

ベクトルの内積

次にベクトルの「かけ算」について考えてみます。話は「矢印×矢印」ですから、それが何を意味するのかわからないという話もありますが、なんらかの意味をもつ形で定めることにします。

まずわかる話から始めましょう。

　　　3×2 とは何か。

いろいろな見方があります。

- 「2が3個」もしくは「3が2個」[*5]
- 縦の長さが3、横の長さが2という長方形の面積

前者は先に述べたベクトルの定数倍の話になりますし、後者は本書では扱いませんが、物理的にとても意味のある外積というもう1つのかけ算の話につながります。

　ここではもう少し原始的に見たいと思います。3も2も同じ実数ですから、それを数直線上で考えます。

図表5-8　平面上の矢印として見る

この結果「6」という答えが出ると見ましょう。

　次に2つのベクトルで同じようなことを考えます。違う向きの場合です。

図表5-9　違う向きの2つのベクトルの図

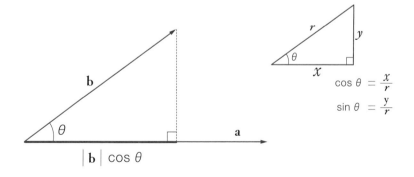

$$\cos \theta = \frac{x}{r}$$
$$\sin \theta = \frac{y}{r}$$

---

*5　かけ算の順序については算数教育の世界でいろいろと問題があるのですが、ここでは議論しないことにします。

　ここで「向きが違うのだから、それをそろえよう」と考えます。図のように、**a**は**b**の向きに見ると、太線だけの大きさに「見える」。そこで、この太線と**b**をかけることを考えます。太線の部分は**a**の長さに間の角 θ の cos をかけたものですから、新しいかけ算として、

$$\mathbf{a} \cdot \mathbf{b} = |\mathbf{a}||\mathbf{b}|\cos\theta \qquad (5.1)$$

を考えます。これをベクトルの内積と呼びます。

　さて、このように定めた内積が、数ベクトルでどのようになるかを調べましょう。最初にベクトルの加法との分配法則が成り立つことがわかります。

$$(\mathbf{a}+\mathbf{b}) \cdot \mathbf{c} = \mathbf{a} \cdot \mathbf{c} + \mathbf{b} \cdot \mathbf{c}$$

図表5-10 分配法則を数直線上で見ると

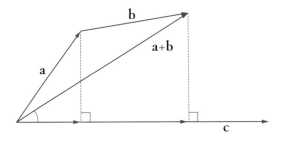

　また内積と定数倍が次のような関係を満たすこともわかります[6]。

$$(\lambda\mathbf{a}) \cdot (\mu\mathbf{b}) = \lambda\mu(\mathbf{a} \cdot \mathbf{b})$$

---

[6]　λ：ラムダ、μ：ミュー（ともにギリシャ文字）。

　n 次元の数ベクトルについて、n 個の成分のうち j 番目の成分が 1 つ だけ 1 で残りがすべて 0 であるようなベクトル $\mathbf{e}_j$ を考えましょう。こ れは座標軸正の向きで大きさが 1 のベクトルです。これらを基本単位 ベクトルと呼びます。

　しかも（4 次元以上は少し考えにくいけれど）これらは互いに直角 に交わるので、

$$\mathbf{e}_i \cdot \mathbf{e}_j = \begin{cases} 1 \cdot 1 \cos 0^\circ = 1 & (i = j \text{ のとき}) \\ 1 \cdot 1 \cos 90^\circ = 0 & (i \neq j \text{ のとき}) \end{cases}$$

となります。

　基本単位ベクトルを使うと、

$$\begin{pmatrix} x_1 \\ x_2 \\ x_3 \\ \vdots \\ x_n \end{pmatrix} = x_1 \mathbf{e}_1 + x_2 \mathbf{e}_2 + x_3 \mathbf{e}_3 + \cdots + x_n \mathbf{e}_n$$

と表すことができます。そしてこれらのことを使うと次のようなこと がわかります。

$$\begin{pmatrix} x_1 \\ x_2 \\ x_3 \\ \vdots \\ x_n \end{pmatrix} \cdot \begin{pmatrix} y_1 \\ y_2 \\ y_3 \\ \vdots \\ y_n \end{pmatrix} = x_1 y_1 + x_2 y_2 + x_3 y_3 + \cdots + x_n y_n \tag{5.2}$$

n 次元空間の角度

　さて、このようにして「数の組」「データの組」であるベクトルを図

形として見ることができました。ここでさらにもう一歩進んでみましょう。2次元空間（平面）で考えた図形的な「内積」を3次元、4次元以上に拡張して考えます。すなわち（5.1）を3次元以上にも適用してみるのです[*7]。

　そして、n次元ベクトル、

$$\mathbf{x}=\begin{pmatrix}x_1\\x_2\\x_3\\\vdots\\x_n\end{pmatrix},\ \mathbf{y}=\begin{pmatrix}y_1\\y_2\\y_3\\\vdots\\y_n\end{pmatrix}$$

に対して、これらの成す角 θ を、

$$\cos\theta=\frac{x_1y_1+x_2y_2+x_3y_3+\cdots+x_ny_n}{\sqrt{x_1^2+x_2^2+\cdots+x_n^2}\sqrt{y_1^2+y_2^2+\cdots+y_n^2}}$$

を満たす角と決めることにします。ここで、「4次元空間や5次元空間ではどうやって分度器を使うのか？」などという高尚な疑問はもちません。単に、（5.1）と（5.2）から導かれる妥当な決め方だと思ってください。

[*7]　ここでは3次元も形式的な適用のように見ていますが、実際に図形でもこのようになるわけです。

応用 統計とベクトル

SOBUKAWA

「身長と体重の関係」で相関係数を学ぶ

複数の種類の統計データについて、それらの関係を調べることは大切です。たとえば、

　　　背が高い人は体重も多い

という傾向は多くの人が共有する感覚です。

このことをはっきりさせるために、統計学が活躍を始めます。そのときにベクトルがどのように役に立つかを考えましょう。

ひとりの人に対して（身長，体重）という風にデータを並べることを普通は考えがちですが、もっと広く「日本人男性の身長」と「日本人男性の体重」の間の関係を見るならば、たとえば100人の身長データを並べた100次元のベクトル「身長データのベクトル」「体重データのベクトル」を考える必要があります[8]。

ただしここに並ぶ成分は、1番目の人のデータが最初に、2番目の人のデータが2番目に、という順は守っておかなくてはなりません。

ここでまず数学的な操作をします。身長はcm（センチメートル）を単位とするならば、およそ160〜180というあたりの数値をとるし、体重はkg（キログラム）を単位とするならば、およそ55〜80というあたりの数値をとります。

これらを比較するために、まず中心化をおこないます。中心化とは、それぞれのデータから全体の平均を引いた値をあらためて考えるということです。その値を統計の用語では偏差といいます[9]。

---

[8] 統計データとして100というサンプル数がどうであるかについてはここでは議論しません。
[9] 元データのベクトルに対してそれを中心化したデータのベクトルを偏差ベクトルと呼ぶこともあります。

$$偏差\ d_i = 測定値\ x_i - 平均\ \bar{x}$$

中心化されたデータの平均は0。その分散・標準偏差は元のデータと変わりません[*10]。

　100次元のベクトルの話をいきなりするのは難しいので、中心化した2つのデータについて考えましょう。すなわちAさんの身長x_1とBさんの身長x_2、Aさんの体重y_1とBさんの体重y_2。そしてそれらをすべて中心化して考えることにします。まず、ベクトル $\mathbf{x} = \begin{pmatrix} x_1 - \bar{x} \\ x_2 - \bar{x} \end{pmatrix}$ を図の上で考えます。ベクトルだから平行移動してもよいわけですが、原点を始点にして考えます。

図表5-11　ベクトルの角度

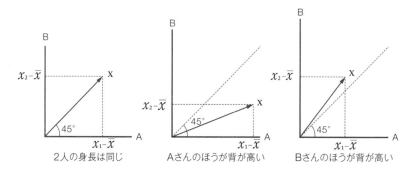

2人の身長は同じ　　　　Aさんのほうが背が高い　　　　Bさんのほうが背が高い

　このベクトルがどういう角度になっているか考えましょう。角度はすべて横軸から反時計回りに見ることにします。さらにその角度が0°〜90°までのケースで考えます。すなわち2人とも平均より身長が高いケースです。

[*10]　ここで尺度を統一するために標準偏差で割って標準化してもよいですが、数式が多くなるのでここではこのままで考えます。

　角度が45°ならば、$x_1=x_2$、すなわち2人の身長は同じということになります。45°より大きければ、Bさんのほうが身長が高いことになります。逆に45°より小さければBさんのほうが身長が低いことになります。2人のデータの比較において、ベクトルの向きが大切になってきます。

　同じ方法で体重を見ることにしましょう。考えるのはベクトル
$\mathbf{y}=\begin{pmatrix} y_1-\overline{y} \\ y_2-\overline{y} \end{pmatrix}$ です。

　もし、これら2つのベクトルの傾き具合が同じ（平行）であるならば、身長の差異と体重の差異が同じ割合であると見ようというのがここでの立場です。

　もし平行でなかったら？　そのときには、2つのベクトルのつくる角の大きさを見ることにします。

　しかし実際には絵を描いて分度器で測るのは手間であるし現実的でない。そこで思い出すのが内積の定義です。数ベクトルを使っての計算と図形的な定義の両方を使ってみます。

　　数ベクトルとして：$\mathbf{x} \cdot \mathbf{y} = (x_1-\overline{x})(y_1-\overline{y}) + (x_2-\overline{x})(y_2-\overline{y})$
　　図形ベクトルと見て：$\mathbf{x} \cdot \mathbf{y} = |\mathbf{x}| \cdot |\mathbf{y}| \cos\theta$

これらを使えば2つのベクトルが成す角 θ の余弦が、

$$\cos\theta = \frac{(x_1-\overline{x})(y_1-\overline{y}) + (x_2-\overline{x})(y_2-\overline{y})}{|\mathbf{x}| \cdot |\mathbf{y}|}$$

となることが得られます。

　さてこれは2人分のデータを比べただけでしたが、これを100人分、もっと一般に n 人分比較してみましょう。

　もはや図を描いて分度器で測ることは不可能ですが、上の式を一般化します。すなわち n 個のデータに対して、それらのデータの「角度」

を比較すると、

$$\cos\theta = \frac{\sum\limits_{i=1}^{n}(x_i - \bar{x})(y_i - \bar{y})}{\sqrt{\sum\limits_{i=1}^{n}(x_i - \bar{x})^2}\sqrt{\sum\limits_{i=1}^{n}(y_i - \bar{y})^2}}$$

そこでこの式の分子・分母をよく見てみましょう。まず分母はそれぞれのデータに対する標準偏差の積。分子は2つのデータの共分散。すなわち2つのベクトルの成す角（のコサイン）が2つの変量の相関係数と呼ばれる量になっているわけです。

[第5章まとめ] >> ベクトルを使って話す・書く

□ ベクトルは一見まったく異なる2つの見方ができる。1つは数の組。もう1つは矢印である。

□ 複数の種類のデータをまとめて組にすることによって、1つの対象を複数の視点で、多面的に見ることができる。

□ 図形としてのベクトルは、向きと長さ（大きさ）をもつ矢印として決まる。それによってデータの組のもつ意味を図形として考えることができる。

□ 一方のみでも役に立つことはあるのだが、それを両面から見ることで、対象の特徴をより明確に捉えることができる。

□ レーダーチャートはこれら2つの見方を統合した有用な表現である。

第6章

確率

モヤモヤ スパッと解けない数学？

「同様に確か『らしい』」という説明

　数学のなかでも、いろいろと引っかかることの多いのが「確率」の話ではないだろうか。

　もちろん、基本的な考えはまだわかる。コインを投げれば、表裏のどちらかが出る確率は $\frac{1}{2}$ で、サイコロを転がしたとき、それぞれの目の出る確率は $\frac{1}{6}$ といわれれば、「そうだろうな」と思う。では、どこで引っかかってしまうのだろうか。

　というのも、もっとも身近に毎日聞いている「降水確率」にしても、けっこう、人によっていろいろな解釈をしているように思えるのだ。

　では、そもそも確率という概念はどのように教わったのだろうか。

　まず、中学2年生で学ぶ。そして、教科書をもう一度読んでいくと、すでに「勘違いのワナ」を見ることができる。

　確率とは？　と考えるときには、まずサイコロやコインを投げて、その結果を考察することから始まる。そして、その結果を記録していって「気づき」を感じてもらうという流れになっている。当然のように、回数を重ねるごとに一定の数字に収束していく。

　ただし、ずっと実験をしていくわけにもいかないから、こういう問いかけになる。

実験をせずに、確率を求める方法を考えよう。

そして、その後の解説はとてもシンプルだ。正しくつくられたサイコロは「1から6までのどの目が出ることも同じ程度に期待される」ということで、1から6までのどの目が出ることも「同様に確からしい」という説明がくるのである。

そうして、「サイコロで奇数の目が出る確率は？」とか、「52枚のトランプから1枚引いたときにスペードの出る確率は？」というように話は展開されていくのだ。

この流れを再度聞いて、どのように思われただろうか？

1. まず「実験」によって、現象を把握する
2. そのうえで理論的な観点から確率を考える

この二段構えになっているのだ。そして、この2つの視点が確率を理解していくうえで「モヤモヤ」になりかねないのではないか、と思うのである。

確率は現実なのか理論なのか

サイコロ投げやコイントスは、現実に起きていることである。一方で、理論的に「確からしい」ということは、頭の中で考えられた数値である。

この「現実」と「理論」の間に、ちょっとした「隙間」があるように思うのだ。

そのことがあらためて明らかになるのが、教科書に必ず載っている次のような問題だ。

> 1枚の硬貨を3回続けて投げる実験をしたところ、2回続けて表が出たから、3回目は表の出る確率より裏の出る確率のほうが大きい。

これは正しいのか？　という問いである。

間違っている、ということはすぐにわかるだろう。表か裏かの確率は毎回 $\frac{1}{2}$ である。そう考えて答えたとしても、どこかにひっかかりが残らないだろうか。

もしかしたら、実際にコインを投げてみる中学生がいたとしてもおかしくないだろう。

そして、もし現実にそのようなことが起きたら、大人はどう説明するだろうか。

わかりやすいのは、「賭け」のシーンを想定することだろう。サイコロでもかまわないけれど、1回ごとの確率が独立だとしても、前回までの結果にこだわらず賭けるだろうか？

こうしたことを書いているのには、理由がある。「確率」についての解説書、それも学生向けではなく一般向けにわかりやすく図解で書かれたような本を見ていると、あることに気づく。

「みんな、未来が知りたいんだ」ということである。

それも、具体的にいえばおカネに絡んだことだ。競馬などの賭け事や、宝くじの話がたくさん出てくる。いずれにしても、「未来を知りたい」という願望は誰にでもあるし、金銭が関係してくることでニーズは高まるのだろう。

実際に教科書に出てくる確率研究の歴史のエピソードも、賭け事に関係していることが多い。ガリレオ・ガリレイが出てくる次のようなエピソードも紹介される。

> 多くの人たちは，3つのさいころの目の和が9になる場合は6通り，10になる場合も6通りあるので，どちらにかけても有利，不利はないと考えていました。……かけ事をする人たちは，一方で，経験的に目の和が9よりも10になることの方が少し多いと感じていました。

（『中学校　数学2』学校図書）

この経験則に対して、ガリレオは明快な説明をしたという。考えればわかるのだが、$6×6×6＝216$通りのすべてのパターンを調べればいいのである。

では、私たちは「確率」という考え方についてどのように向き合っていけばいいのだろうか。

確率には「割り切り」が必要なのだろうか

ちなみに「サイコロを投げたときにそれぞれの目が出る確率は$\frac{1}{6}$」という理論的な確率論は、その後高校に行くとさらに複雑になっていく。いわゆる「順列・組合せ」の考え方である。

一方で、「実際にサイコロを振ってみる」ような現実世界の分析は、「統計的な推測」というテーマになって、より複雑化していく。「正規分布」や「二項分布」、標準偏差などについて学ぶのだ。

そして、実社会ではより多くの複雑なデータから予測をおこなっている。そのなかでも身近なものが、先にも述べた「降水確率」ではないだろうか。

これも意外な誤解が多く、「降水確率70%」は、「そのエリアの7割で雨が降る」とか「予報されている時間帯の70%が雨」と思われたりもしているようだ。

実は、これについてもちゃんと中学の教科書に書かれている。

「70%の予報が100回出されたとき、そのうち約70回は1mm以上の降水がある」

これが、「降水確率70%」の意味なのだ。つまり、降水確率は過去のデータから類似した状況をもとに、そこからシミュレーションをおこなっているわけである。

あくまでも、頭の中で整然と答えが導かれる「確率」がある。

もう一方では、現実を分析したうえで将来の可能性を読む「確率」があるようだ。

　そして、人間は未来のことが気になって仕方がない。だから、コインを投げたときの裏表の確率が毎回$\frac{1}{2}$だとわかっていても、実際の賭けではそのように行動するとは限らないだろう。

　そして、大方の予想を覆して成功した体験があると、その記憶が強烈なために支配されることもある。模擬試験の結果から入試に通る確率を示され、圧倒的に難しいと思われたのに成功するようなケースもそうした例だろう。

　もちろん、その逆もあるはずだ。

　「確率でそうなることはわかっている」からといって、人間はそのように行動するとは限らない。「確率は信用できない」という人だっている。

　だとすれば、私たちは「確率」とどのようにつき合えばいいのだろうか。これは、他の数学とはちょっと異なり、実生活における切迫感も強いと思うのだ。

　そういえば、確率の説明で気になっていたことがある。サイコロの目が出る確率を「同様に確からしい」と定義するではないか。スパッと答えが出るはずの数学で「確からしい」という曖昧な説明はどこから来るんだろうか？

　どうもそのあたりから、確率へのモヤモヤは続いていたように思うのである。

そもそも 未来を知りたい

その数値はどこから出てくるのか？

　誰しも未来を知りたいという気持ちはあると思いますが、残念ながらタイムマシンは開発されていません。未来を予測する試みは太古の昔からおこなわれてきましたが、その大半は怪しげなもの。確実に捉えられる方法はないのでしょうか。

　この問いに対する1つの答え。それは、

　　　　現在の状態は、未来に起きるいろいろなケースを含んでいる

という見方です。なんと無責任なことなのでしょうか。

　でも必ずしもそうとはいえないのです。わかりやすい具体例で考えましょう。

例1.「1から6までの目のサイコロを振ったらどういう目が出るか」

　多くの人はすぐに「確率 $\frac{1}{6}$」などという話を始めます。でもそれは何なのでしょうか。

　まだサイコロは振っていません。したがっていろいろな可能性があります。

- ◆ 1の目が出る
- ◆ 2の目が出る
- ◆ 3の目が出る
- ◆ 4の目が出る
- ◆ 5の目が出る
- ◆ 6の目が出る

これだけでしょうか。もしかしたら、重いサイコロをやわらかい粘土板の上に投げるので、角で立ってしまうかもしれません。逆に6の面のすぐ下に重りが入っていて、何回投げても1の目しか出ないかもしれません。現在の状態においてそういうすべての場合を考慮して、その起きやすさの割合を表した数値を「確率」と呼ぶことにします。

いくつかある「場合」に対して、それぞれにこの数値を与えた全体を「確率分布」と呼ぶことにします。たとえば、やわらかい粘土板の上に重いサイコロを投げるときに起きる割合は、

1の目	2の目	3の目	4の目	5の目	6の目	頂点で立つ	辺で立つ
10%	10%	10%	10%	10%	10%	25%	15%

となるかもしれません。

ここでは%（百分率＝全体を100としたときの割合）を用いて表しましたが、数学において、確率は全体を1として考えます。

硬い平面に公平なサイコロを投げるときに起きる割合は、

1の目	2の目	3の目	4の目	5の目	6の目
$\frac{1}{6}$	$\frac{1}{6}$	$\frac{1}{6}$	$\frac{1}{6}$	$\frac{1}{6}$	$\frac{1}{6}$

であるし、

6の目のすぐ下に重りが仕込んである不公平なサイコロを投げるときに起きる割合は、

1の目	2の目	3の目	4の目	5の目	6の目
$\frac{5}{6}$	$\frac{1}{48}$	$\frac{1}{48}$	$\frac{1}{48}$	$\frac{1}{48}$	$\frac{1}{12}$

となるかもしれません。

ところで、大変歯切れの悪い書き方になっているのにお気づきでしょうか。問題なのは、

その数値はどこから出てきたのか？

です。これから起きることについてその可能性はわからないはずです。ではどのようにそれを考えるのか。

　確率の値を決めるには大きく分けると2つの方法があるといっていいでしょう。

【確率の定め方1】過去に学ぶ

　雑にいえば、統計的な確率と呼ぶべきかもしれません。そのなかにも大きく分けると2つの方法があります。

●過去のデータを使う

　降水確率の算定がその典型です。

> これまで、現在と同じ状況のときに
> その事柄が起きた割合を調べる。

季節、気温、湿度、気圧、天気図などが現在と同じ状態だったときに、それに続いて1mm（ミリメートル）以上雨が降ったのは何回中何回あったのか。完全に「同じ」という状況はなかったでしょうが、何を「同じ」といえるかは、気象学のなかの問題です。とにかくその割合が現在から未来へのそれを表している、とする見方です。

●実験してみる

　サイコロの転がりようはよくわかりません。

　やわらかい粘土板の上で振ったときにどうなるのか。そこで、実験をしてみるのです。100回でも1000回でもやってみて、起きた割合から今後もそうなる、とする方法です。何回やってみれば十分なのか、というのは難しい問題で、そのことについては統計学を少し勉強しなくてはなりません。

【確率の定め方2】理論的に導く

　現状を見て、そこから算出する方法です。たとえば立方体のサイコロで、重さや形の偏りがなく、角で立ってしまうような状況が考えられないとします。そうすると可能性は6通りであり、しかもその可能性はどれも同様に確からしい。このときにはどれも$\frac{1}{6}$ずつ同じ割合で出るとするのが妥当です。

　高校までの間に学ぶ「確率」を思い出した人はすぐに「順列・組合せですか？」といいます。確率は順列・組合せではありませんが、その計算方法において、

　　1. 起きうる場合は全部で何通りあるか
　　2. 対象とする場合（事象）は何通りあるか
　　3. それらはどれも同じように起きうるか

を調べてその割合を算出するので、その場合の数を数える段階で「順列・組合せ」の考え方が有用になるのです。

　「どれも同じように起きうる」ということを、教科書では「同様に確からしい」と表現します。ここが等閑にされていることが多く、トラブルが起きます。たとえば次の問題は有名です。

例2. 2つの公平なサイコロを振ったときに出た目の和はどうなるか。

　当然、最小は2、最大は12、可能性は11通りです。

　そこで和の確率分布が、

2	3	4	5	6	7	8	9	10	11	12
$\frac{1}{11}$	$\frac{1}{11}$	$\frac{1}{11}$	$\frac{1}{11}$	$\frac{1}{11}$	$\frac{1}{11}$	$\frac{1}{11}$	$\frac{1}{11}$	$\frac{1}{11}$	$\frac{1}{11}$	$\frac{1}{11}$

であるとしていいでしょうか。

　たとえば和が2となるのは、両方とも1になるとき片方が$\frac{1}{6}$、もう

1つも $\frac{1}{6}$ なので、その確率は $\frac{1}{36}$ と見るべきではないでしょうか。

すなわちこれらの11通りの場合は、どれも同様に確からしくはないのです。

実験してみると7あたりになるのがもっとも多いと思われます。

これを間違えずに考えるために、たとえば2つのサイコロのうち一方は算用数字で、もう1つは漢数字で目が書いてあるとすればわかりやすい。このとき2つのサイコロはどちらも公平ですから、

1一	1二	1三	1四	1五	1六
2一	2二	2三	2四	2五	2六
3一	3二	3三	3四	3五	3六
4一	4二	4三	4四	4五	4六
5一	5二	5三	5四	5五	5六
6一	6二	6三	6四	6五	6六

の36通りはどれも同様に確からしいと考えてよいでしょう。

したがって2つの和についていえば、

2	3	4	5	6	7	8	9	10	11	12
$\frac{1}{36}$	$\frac{1}{18}$	$\frac{1}{12}$	$\frac{1}{9}$	$\frac{5}{36}$	$\frac{1}{6}$	$\frac{5}{36}$	$\frac{1}{9}$	$\frac{1}{12}$	$\frac{1}{18}$	$\frac{1}{36}$

という確率分布になっていると見るのが妥当です。

根元事象と確率空間

さて、この話をもう少し突っ込んでみましょう。起きうる事柄を事象と呼びます。たとえば、例2では、

「出た目の和が7である」「出た目の和が偶数である」

というのがそれにあたります。

ここでさらに深く考えてみます。単に2つのサイコロを投げるとい

うことからは、

　　　　「出た目の差が2である」「出た目がどちらも偶数である」

という事象を考えることも可能です。

　そうなってくると「和が2から12」という見方では不十分で、36通りの場合を考える必要が出てきます。このようにして、どのような事象を捉えて確率分布を考えるかが大切になってきます。

　さて「いつでも使えるスーパーツール・数学」を構築してみましょう。

　もうこれ以上バラバラに分け（られ）ない事象を根元事象と呼びます。問題を考えるうえで必要であれば、できるだけ細かくしたほうがいいのかもしれませんが、必要に応じて考えればいいと思います。この例でいえば、

　　　　「2つのサイコロの動きが止まったとき
　　　　　最終的に2cm以内の距離にある／ない」

というのは、分けたほうがいいのかもしれませんし、分けなくてもいいのかもしれません。

　そのとき考える根元事象全体の集合を確率空間と呼びます。

　確率空間の部分集合を事象と呼びます。これに対して確率（分布）とは、各事象に数を対応させるもので、

　1. その数は0以上1以下である
　2. 確率空間全体（全事象とも呼ぶ）には1を対応させる[*1]
　3. 2つの同時には起こりえない（互いに共通部分をもたない）事象
　　　について、和集合によって得られる事象の確率は、それぞれの事

[*1] 議論の煩雑さを避けるために、本書では空事象については言及しません。

象の確率の和になる[*2]

という性質をもつものとします。

「スーパーツール・数学」の立場からは、これが成り立っているものはなんでも「確率分布」と見ます。いろいろな確率空間がありますが、問題に合わせて都合のいい確率空間をそれぞれ考えます。

事象には1つの要素しか含まれないこともあるかもしれないし、無限個の要素が含まれているかもしれません。また、

例3. 斜めにセットされたピッチングマシンから投じられたボールがどこまで飛ぶか。

といった問題では、「30mちょうど」になる確率は0と見るのが妥当です。29.999m以上30.001m以下という事象なら0でない確率があるかもしれません[*3]。

確率変数と期待値、分散／標準偏差

確率の話はどうしても賭け事の話になりがちなのはお許しください。次のような例を考えてみます。

例4. 公平な2つのサイコロを振る。
2つの目が一致したら、賞金3万円をもらえる。

もちろんそのゲームをやってみる前の時点で考えるわけです。

「1一」になる確率（割合）が$\frac{1}{36}$。そんな目が出るかどうかはわからない。でも現状では1回振ったら$\frac{1}{36}$だけ「1一」が出ると思えば、すでに$30000 \times \frac{1}{36}$円はもらっていると見るわけです。「2二」「3

[*2] 本来は可算無限個の和を考えるが、ここでは厳密性を犠牲にして有限加法的な見方だけにとどめます。
[*3] そうでないと30.001m、30.0014m、30.00254mと細分化したときに、全体の和が1より大きくなってしまいます。

三」「4四」「5五」「6六」も同様なので、ゲームを始める前は全部合わせて $30000 \times \dfrac{1}{36} \times 6$ 円もらえる、と見ていいでしょう。もちろん実際にゲームをやったらその状況は崩れてしまって、0円かもしれないし3万円かもしれません。

このように、未来についてどの程度の値（賞金！）が期待できるかという値を期待値といいます[*4]。

さらにこの場合、36個の根元事象をもつ確率空間の各元に対して賞金の額 X が対応します。すなわち、

$$X(1一) = X(2二) = X(3三) = X(4四) = X(5五) = X(6六) = 30000$$
$$X(1二) = X(1三) = \cdots = X(6五) = 0$$

となります。

このような確率空間の上の関数を確率変数と呼びます。そしてこの確率変数 X に対する期待値 $E(X)$ が5000であるといいます。

$$期待値 = \sum （確率変数の値） \times （その値をとる確率）$$

次に、同じ賭け事でももう少しマイルドな「宝くじ」を考えてみましょう。少し極端な宝くじを何種類か考えます。

例5. 1枚100円の宝くじ A。1000万枚売り出す。
1等1億円が5本で、当たりはそれだけ。

このときの期待値はいくらになるか、簡単に計算できますね。

例6. 1枚100円の宝くじ B。1000万枚売り出す。

[*4] 集めたデータに対する"平均値"という概念があります。計算方法はこの期待値と同じように見えますが、すでに得られたデータに対しては平均値、確率変数に対するものを期待値を呼びます。

1の位が当たっていたら、当たりは500円。当たりはそれだけ。

　どちらが皆さんにとっては魅力があるでしょうか。判定するのに期待値の概念は役に立ちそうです。ところが残念ながらどちらも、100円くじ1枚に対して期待値は50円[*5]となります。

　そうなってくると、

例7. 1枚100円の宝くじC。1000万枚売り出す。
すべてのくじは当たりで、当せん金は50円。

というくじだって期待値という見方からすると同じといえます。これではあまりにも魅力がないですね。
　このように期待値が同じでも、"ドキドキ度"が違うときにそれを表す尺度として役に立つのが第5章でも述べた「偏差」です。式で書けば、

$$（確率変数の値）-（期待値）$$

です。これがプラスなら「勝ち」、マイナスなら「負け」ということですし、その大きさが勝ち負けの大きさになります。
　これをこのまま平均してしまうとプラスマイナス相殺して0になってしまいます。そこで符号をなくす、すなわち偏差の絶対値をとって期待値をとります。その値を「平均偏差」といいます。式で書けば、

$$平均偏差 = \sum |偏差| \times（その値をとる確率）$$

です。この値が大きいということは期待値から外れる、すなわち値の散らばりが大きい、賭けの場合でいえばギャンブル性が高いというこ

---

*5　当せん金付証票法＝宝くじ法を参照のこと。

とになります。

　3種類の宝くじについてこれを計算してみましょう。どの宝くじも当たりと外れの2通りしかありませんから簡単です。小数以下は四捨五入します。

$$宝くじA：|1億-50|\times\frac{5}{1000万}$$

$$+|0-50|\times\frac{9,999,995}{1000万}≒100$$

$$宝くじB：|500-50|\times\frac{100万}{1000万}$$

$$+|0-50|\times\frac{900万}{1000万}=90$$

$$宝くじC：|50-50|\times\frac{1000万}{1000万}=0$$

これらを見比べると、宝くじCにまったく面白みがないことはよくわかりますが、宝くじAと宝くじBの違いはそれほどでもないような気がしてピンとこないかもしれません。

　同じように偏差のプラスマイナスを相殺しないようにするために、2乗する方法がよく使われます。これは「分散」と呼ばれる量になります。

$$分散=\sum(偏差)^2\times(その値をとる確率)$$

これも散らばりの大きさを表す値になります。

　ただしこれは「2乗した世界」なので、この値の平方根をとったものも考えます。「標準偏差」と呼ばれています。

$$標準偏差=\sqrt{分散}=\sqrt{\sum(偏差)^2\times(その値をとる確率)}$$

同じように計算してみましょう。こちらも小数以下は四捨五入です。

$$\text{宝くじA：} \sqrt{(1億-50)^2 \times \frac{5}{1000万} + (0-50)^2 \times \frac{9{,}999{,}995}{1000万}} \fallingdotseq 70711$$

$$\text{宝くじB：} \sqrt{(500-50)^2 \times \frac{100万}{1000万} + (0-50)^2 \times \frac{900万}{1000万}} = 150$$

$$\text{宝くじC：} \sqrt{(50-50)^2 \times \frac{1000万}{1000万}} = 0$$

これぐらい差が出ると、ワクワク感が表現されているような気がしませんか。

　ここではくわしく述べませんが、深く検討していくと、この分散および標準偏差がさらにいろいろな情報をもたらすことがわかります。

[第6章まとめ] ≫ 確率を使って話す・書く

□ 確率はあくまでも数学的に考えられた「未来に対する可能性」であり、予想されることが高い確率であっても、その通りになるとは限らない。

□ 数学を学ぶなかで確率は「異端」と感じるのは自然ともいえる。なぜなら確率における「未来」は常に不確かなものだからである。

□ 関数のグラフであれば「xが*のときのyの値」はピタリと求められる。だから天体の運行なども分析され、明日の太陽が昇る時刻や方角も予測される。

□ 数学に対して期待することが、天体の運行のような「1つの正解」であるとするなら、確率はそもそもその期待には応えているわけではない。

□ 確率を頭で理解したつもりになっても、低確率の行動を起こす人はいて、成功することもある。だからこそ、高い確率の行動でも失敗する人もいる。

□ 確率の問題は、まだ見ぬことへの可能性を考えることでもあり、その考察はそれぞれの世界観を問うことにもなっていく。哲学の世界でも、確率は大切なテーマとして論じられており、関心のある方はそのような書籍などを参照してみてはいかがだろうか。

人間のエモーションがつきまとう確率

　確率はつまずく人も多い分野だと思います。数学というのは、日常での使われ方を見ていると、時間軸、つまり時間の経過によってどう変化するかを考えるものが多い。利息の計算に使える数列や、増加する大きな数字を扱いやすくする対数などは、いったん式をつくれば、xの場合にはyになる、という答えが出てきます。

　確率はそうではなく、こうなる可能性もある、ああなる可能性もあるという話です。今まで習ってきた数学とは、少し違って、どこかに曖昧さがあり特殊なのだと感じます。

　そうはいうものの、現実の世界で触れる機会の多いものです。降水確率はもちろん、地震の発生確率、5年後生存確率、志望校への合格確率などは、見かけることも多いと思います。

　たとえば、合格確率20％という数字は「同じような成績の受験生10人のうち、2人受かる」ということになるわけですが、それに対して「受かるかもしれないから、頑張る」「見込み薄だから、諦めた」「運に任せるしかない」というような人間の感情がわいてきたりもします。もう少しいうと、ギャンブルや宝くじの攻略法みたいなものにも、確率が使われていたりもします。

　確率には、なにか人間のエモーショナルな部分がつきまとうようです。「未来を知りたい、でも、100％は知りたくないという気持ちもある」という人間の不思議なところを刺激しているようにも思います。

　確率100％、0％というのはほとんどなく、「Aになる可能性もある」「Aにならない可能性もある」ということを教えてくれます。「未来観」といってもいいかもしれませんが、未来にはさまざまな可能性があることを確率は教えてくれるという印象を、本書執筆中に強く感じるようになりました。

現実に起きていないことを議論する確率

SOBUKAWA

　確率を習うときに、サイコロの話が出てきます。1から6までのそれぞれの数字が出る確率は？　あるいは、偶数の目が出る確率は？　奇数の目が出る確率は？　実際に100回も振れば、だいたいそれぞれ確率が出てきます。実際にやってみることを「試行」と呼んでいますが、一種の実験・観察です。それをやらずに計算で出そうというのが学校で習う確率です。現実に起きていないことを議論する分野です。

　ちょっといいすぎの部分もあるとは思っているのですが、確率は量子力学の見方を備えているといわれています。原子や電子など非常に小さいものを目で見てしまった瞬間、つまり光にあたってしまうと、状況が変わってしまうということが起きる。だから、観察しようと思ってもできない。物理学なのに、観察できないものを考えるという神業的なことをやっているのが量子力学です。

　確率も現実にはまだ起きていないことを考えるという点で共通するところがあるわけです。加えて、志望校への合格確率20％という数字を見た受験生が「このままでは不合格」だと悟り、奮起して、猛勉強を始め、成績が上がってしまえば、合格確率が変わってしまうというようなことがあるわけです。そうした性格をもつ分野ですから、数学研究者の間でも、確率については議論が巻き起こることもしばしばで、どこか確率の話を信用できないと感じている方もけっこういます。現実に起きていないことを議論するわけですから、山本がいうように、人間の願望や欲求といった、エモーショナルな部分が関係している学問といっていいかもしれません。

第7章

行列

モヤモヤ 「それがルール」と覚えるしかない？

高校で習わなくなった「行列」となじみ深いエクセル

　誰もが目にする言葉だけれど、その本質がわかりにくい言葉がある。今回のテーマである「行列」もその1つだろう。

　単純に、行列という単語から連想されるのは人気のラーメン店などで見る「人の列」のことだろう。

　では、「行列」と聞いて、このような式をイメージする人はどれだけいるだろうか。

$$A = \begin{pmatrix} 2 & 3 & 4 \\ 1 & 0 & 1 \end{pmatrix} \qquad B = \begin{pmatrix} 6 & 1 \\ 0 & 3 \\ 2 & 1 \end{pmatrix}$$

　このような式を「行列」として高校で教えていたのは、2011年度までで、それも理系志望の学生対象であった。しかし、1990年代はじめまでは、文系学生も学ぶ機会があったのだ。

　つまり、このような式を見て「ああ、行列だな」ととりあえずわかる人は、一定の年齢以上である可能性が高い。

　しかし、多くの人は「行列」という言葉を聞くと、このような数字の並びを思い出すのではないだろうか？

それは、「エクセル」のような表計算ソフトで、何度かお目にかかっているからだと思う。エクセルで新規にシートをつくるときに、上から下に1, 2, 3…と入っているヨコ向きの流れが「行」だ。そして左から右にA, B, C…と入っているタテ向きの流れが「列」となる。そして、先に示した行列A, Bも同じで、ヨコが行で、タテが列ということになる。

Aの行列は「2行3列」であり、Bは「3行2列」ということだ。高校時代に行列を学んだ人であれば「そういえばそんな感じだったな」と思うだろう。また、特に学んでいなくても表計算ソフトを使っている人なら「そりゃそうだろうな」と感じるかもしれない。

いずれにしても、行列というのは英語ではmatrix。これもタテヨコからなる表のことを、一般的に「マトリクス」と呼んでいるわけで、なじみ深い。

そして、行列の式を見ても、それ自体はあまり難しそうな感じがしないのではないだろうか。

しかし、この行列というのは、実に奥が深く、ジワジワと手強くなっていくのである。

「行列」をまずは足してみる

かつての高校教科書を見ながら、行列をどのように学んできたかをちょっと振り返ってみよう。

まず、行列の定義はとてもシンプルだ。先ほどのように「いくつかの数を長方形状に配列したものを行列という」と書かれている。

ちなみに、この行列の定義には「ベクトル」が顔を出す。1行からなるベクトル、つまり数字の横並びを行ベクトルという。そして、4つの数字が次のように並んでいたとしよう。

$$(5 \quad -3 \quad \sqrt{7} \quad 19)$$

これは、1×4型の4次元の行ベクトルという。

そうなれば、縦1列は列ベクトルだ。

$$\begin{pmatrix} 5 \\ -3 \\ \sqrt{7} \\ 19 \end{pmatrix}$$

　これは、4×1型の4次元の列ベクトルということになる。

　行と列、それぞれの方向に向かって、ベクトルが作用しているイメージで捉えてみればいいだろう。

　そして、行列の加法・減法を考えることとする。

　ただし、先に書いた、AとBの行列は足すことができない。行列の和のA+Bは「AとBが同じ型である場合にだけ定義されている」と書かれているのだ。

　2行3列と、3行2列の行列の和を求めることはできない。

　そうなると、以下のようなときだけ加法が成り立つのだ。

$$A = \begin{pmatrix} 1 & -2 \\ 3 & 2 \end{pmatrix} \qquad B = \begin{pmatrix} 3 & 1 \\ 0 & 4 \end{pmatrix}$$

　このAとBの和は、それぞれ「同じ場所」の数を足せばいい。これも直感的にわかるのではないだろうか。

　つまり、この答えは $\begin{pmatrix} 4 & -1 \\ 3 & 6 \end{pmatrix}$ ということになる。減法はこれが逆となるからAとBの差は $\begin{pmatrix} -2 & -3 \\ 3 & -2 \end{pmatrix}$ となるわけだ。

　ここまでで、行列につまずく人はほとんどいないと思う。例題に出てくる計算自体は、小学生でもできるようなものだ。これは、微分積分のような未知の概念や記号がいきなり出てくるのに比べればインパ

クトは弱いようにも感じる。

次に「行列」をかけ算する

では、行列のかけ算を考えたらどうなるだろうか。

この「行列の積」を考えるあたりから、話はだんだんと数学的になっていく。

まず、行列自体に実数をかけることはできる。これはとてもシンプルで、Aの行列を3倍するなら、$\begin{pmatrix} 3 & -6 \\ 9 & 6 \end{pmatrix}$となる。それぞれの数字を3倍すればいい。

では「行列同士」をかけたらどうなるのだろうか？

実は、このあたりから行列の奥深さが感じられるとともに、モヤモヤも出てくるのだ。

行列のかけ算は、どのようになっているのか？

まず、例題として説明されるようなものは、このような2つの行列のかけ算だ。

$$A = \begin{pmatrix} 2 & 3 \\ 1 & 0 \end{pmatrix} \qquad B = \begin{pmatrix} 6 & 1 \\ 2 & 1 \end{pmatrix}$$

先に結論を書くと、この答えはこうなる。

$$AB = \begin{pmatrix} 18 & 5 \\ 6 & 1 \end{pmatrix}$$

これは、公式を知っていれば難しい計算ではない。

あえて、そういう式を使わずに説明すると、

「Aの左上の2×Bの左上の6」＝12

「Aの右上の3×Bの左下の2」＝6

という2つの数字を足し合わせる、つまり12＋6＝18ということである。これは、「Aの第1行ベクトルとBの第1列ベクトルの積」と説

明されている。

　実際のテキストでは、もちろんこんなまどろっこしい書き方はしていない。その数式はもちろんあとに説明される。そして、覚えてしまえば、解くことはできる。

　ただし、「そういうもの」として覚えることはできても、行列の意味はよくわからないままに終わってしまったような記憶があるのだ。

　しかも行列 A と行列 B の積は「A の列の個数と B の行の個数が一致している場合だけ定義される」とある。ただ、その理由は書かれていない。

　行列は、今振り返ってもそうしたモヤモヤが残るのだが、実際の使い方を見ていくと、「ああ、そういうことだったのか」と感じるところも多い。このあとの「そもそも」を読んでいただければ、今書いたような引っかかりもなくなっていくだろう。

　「A の列の個数と B の行の個数が一致している場合だけ」という定義にしても、実際は「そうなるようなときでなければ、かけ合わせても意味がない」と、考えられるのだ。

　そういうことで、いったん教科書の世界からは離れて実践的な視点も交えて、行列の「そもそも」を見ておこう。

そもそも その1 行列は表である

2次元的データ

　4つの工場で製品1、2、3の4月の生産量を考えます。これを表にしてみるのは自然なことですね。

図表7-1 4つの工場における4月の製品1、2、3の生産量

	製品1	製品2	製品3
工場1	32	25	17
工場2	16	11	9
工場3	57	0	45
工場4	46	39	20

　例によって「何にでも使えるスーパーツール・数学」を構築するため、単にこれを次のように表したものを考えます[*1]。

例1.

$$\begin{pmatrix} 32 & 25 & 17 \\ 16 & 11 & 9 \\ 57 & 0 & 45 \\ 46 & 39 & 20 \end{pmatrix}$$

　このように、数を長方形型に並べて書いたものを「行列」と呼びます[*2]。この例は4行3列になっています。このことを行列の「型」とい

---

*1　慣習でそれぞれの数値の間にはカンマなどを書かず、隙間を空けて縦横に整列させて書きます。
*2　日常用語でいうラーメン店の「行列」とは意味が違います。特に横の並びを「行」、縦の並びを「列」といいます。第5章で述べた「行ベクトル」「列ベクトル」はここからきた用語です。

第2部　ツールとしての数学の本質

います。略して4×3型と呼ぶこともあります。

　行列は多くの場合、アルファベットの大文字で表します。特にこの
月の生産量を表す行列をPで表すことにします。

　同じ4つの工場で、翌月の生産量のデータを考えたとき、それをま
た行列で表すことを考えます。

図表7-2 4つの工場における5月の製品1、2、3の生産量

	製品1	製品2	製品3
工場1	28	19	33
工場2	12	26	25
工場3	76	0	80
工場4	64	42	37

　その行列をQで表すことにしましょう。このとき2つの行列PとQ
の和の概念を次のように定めるのは自然なことでしょう[*3]。

$$P+Q=\begin{pmatrix}32&25&17\\16&11&9\\57&0&45\\46&39&20\end{pmatrix}+\begin{pmatrix}28&19&33\\12&26&25\\76&0&80\\64&42&37\end{pmatrix}=\begin{pmatrix}32+28&25+19&17+33\\16+12&11+26&9+25\\57+76&0+0&45+80\\46+64&39+42&20+37\end{pmatrix}$$

$$=\begin{pmatrix}60&44&50\\28&37&34\\133&0&125\\110&81&57\end{pmatrix}$$

---

*3　数字がたくさん並んで複雑に見えますが、ぜひ一度これを書き写していねいに見ていただきたい
と思います。

132

　ベクトルの和から推察がつきますが、行列の和は同じ型のもの同士でしか考えません。また行列の定数倍も同じように定めます。

一般の形の行列を考えるにあたって

　前節のように具体的な「2次元的データ」を考えることはそれほど難しくないのかもしれません。しかし、これを「何にでも使えるスーパーツール・数学」の形にするために、少し一般的な形での表記に慣れておきましょう。次の行列を順に見ていきます[*4]。

$$\begin{pmatrix} a_{11} & a_{12} & a_{13} \end{pmatrix} \quad \begin{pmatrix} a_{11} & a_{12} & a_{13} \\ a_{21} & a_{22} & a_{23} \end{pmatrix} \quad \begin{pmatrix} a_{11} & a_{12} & a_{13} \\ a_{21} & a_{22} & a_{23} \\ a_{31} & a_{32} & a_{33} \end{pmatrix} \quad \begin{pmatrix} a_{11} & a_{12} & a_{13} \\ a_{21} & a_{22} & a_{23} \\ a_{31} & a_{32} & a_{33} \\ a_{41} & a_{42} & a_{43} \end{pmatrix}$$

　文字の右下に番号が2つついています。これは、

$$a_{23}$$

と2つの別の番号によって1つの文字で別の値を表すように、そしてついでに文字の場所を表そうとしています。このような表現を「2重添字」といいます。さらに、一般の場合を考えるために、

$$a_{ij}$$

という表現をよく使います。ここで使われている2つの添字は、

$$i 行 j 列にあるデータは a_{ij} という値だ$$

[*4]　一見複雑ですが、書き写してみるとその構造がわかるでしょう。

ということを表そうとしています。こんな例で確かめてみましょう。

例2. $a_{ij}=ij+4i-5j+2$ が成り立つような 3×4 型行列 (a_{ij}) とはどのような行列でしょう。

　いきなりこう出されるとなかなか複雑ですが、まずはこの行列がどのような形になっているかを求めましょう。i行j列の各成分が a_{ij} で 3 × 4 型行列、すなわち 3 行 4 列だというわけですから、この行列は、

$$\begin{pmatrix} a_{11} & a_{12} & a_{13} & a_{14} \\ a_{21} & a_{22} & a_{23} & a_{24} \\ a_{31} & a_{32} & a_{33} & a_{34} \end{pmatrix}$$

という形をしています。そして[*5]、

$$a_{11}=1 \cdot 1+4 \cdot 1-5 \cdot 1+2=2$$
$$a_{12}=1 \cdot 2+4 \cdot 1-5 \cdot 2+2=-2$$
$$a_{13}=1 \cdot 3+4 \cdot 1-5 \cdot 3+2=-6$$
$$a_{14}=1 \cdot 4+4 \cdot 1-5 \cdot 4+2=-10$$
$$a_{21}=2 \cdot 1+4 \cdot 2-5 \cdot 1+2=7$$
$$a_{22}=2 \cdot 2+4 \cdot 2-5 \cdot 2+2=4$$
$$a_{23}=2 \cdot 3+4 \cdot 2-5 \cdot 3+2=1$$
$$a_{24}=2 \cdot 4+4 \cdot 2-5 \cdot 4+2=-2$$
$$a_{31}=3 \cdot 1+4 \cdot 3-5 \cdot 1+2=12$$
$$a_{32}=3 \cdot 2+4 \cdot 3-5 \cdot 2+2=10$$
$$a_{33}=3 \cdot 3+4 \cdot 3-5 \cdot 3+2=8$$
$$a_{34}=3 \cdot 4+4 \cdot 3-5 \cdot 4+2=6$$

[*5]　はじめて出てきたので、以下の計算は全部ではなくともいくつかはやって状況を把握しましょう。計算自体ができる必要はありません。この構造だけを知ってください。実際にはコンピュータを使えば簡単です。

となって、この行列は、

$$\begin{pmatrix} 2 & -2 & -6 & -10 \\ 7 & 4 & 1 & -2 \\ 12 & 10 & 8 & 6 \end{pmatrix}$$

となることがわかります。

そもそも その2　行列は操作の表現である

2次元的データ

4つの工場における4月の製品1、2、3の生産量のデータの表

	製品1	製品2	製品3
工場1	32	25	17
工場2	16	11	9
工場3	57	0	45
工場4	46	39	20

を行列Pを使って表しました（単位はtとしましょう）。

この表（行列）は1カ月の生産システムを表していると見ることができます。

この3種類の製品について、

製品1の1t当たりの利益は13万円
製品2の1t当たりの利益は25万円
製品3の1t当たりの利益は16万円

であるとき、各工場ごとの生産額はいくらになるでしょうか。この計算は簡単、電卓を使えばすぐにできますね。
ところで、製品の価格は必ずしも安定しているとは限らず、よって利益も固定されているとは限りません。

そこで1t当たりの利益をそれぞれx、y、z（万円）とし、それを列

ベクトル$\mathbf{a} = \begin{pmatrix} x \\ y \\ z \end{pmatrix}$で表します[*6]。そして、

> 市場価格から決められた1t当たりの利益という「データ」に対して、この生産「システムP」が会社に利潤をもたらす

と見ることにしましょう。

これによって求められる各工場ごとの総利益も列ベクトル$\mathbf{b}$で表すことにし、次のように表します。

$$P\mathbf{a} = \begin{pmatrix} 32 & 25 & 17 \\ 16 & 11 & 9 \\ 57 & 0 & 45 \\ 46 & 39 & 20 \end{pmatrix} \begin{pmatrix} x \\ y \\ z \end{pmatrix} = \begin{pmatrix} 32x + 25y + 17z \\ 16x + 11y + 9z \\ 57x + 0y + 45z \\ 46x + 39y + 20z \end{pmatrix} = \mathbf{b} \quad (7.1)$$

これによって、市場で決まった3つの製品の利益に対して、「4工場」というシステムが生産額をもたらすという構造を表すことができたわけです。

この式の右辺はごちゃごちゃしていますが、丁寧に見れば4次の列ベクトルであることがわかります。

この表し方はとりあえずの形式的なものですが、

> 3次の列ベクトル$\mathbf{a}$に　左から4×3型の行列Pを「かけ算」し

[*6] なぜ列ベクトルなのかというと、単にそういう習慣だからということにしておきますが、そのうち何らかの理由がわかるかもしれません。

　　　　ている

という形になっていることがわかります。ここでは、

- ◆ ベクトル**a**が3次元、行列Pが3列であること
- ◆ 行列Pが4行であることと、「かけ算の答え」ベクトル**b**が4次元であること

が重要です[*7]。

　このような形で、「ベクトルに行列を左からかける」ということを定めます。

　1つ注意をしておきましょう。この式を見て「わからない」という人をよく見かけるのですが、それは話が違います。そもそも「データの束」と「表」を「かける」ということ自体、不自然でわけのわからないことです。

　ただ、このように「かけ算」を定めることによって、上のようなシステムを数学的な枠組みで表現することが可能になります。それが都合がいいので、このように決めるのです。

　それ以上でも以下でもありません。

線形システム

　「ベクトルに行列を左からかける」ということの定義は少々強引に見えるのですが、もう少し「スーパーツール・数学」の立場からこのことを見てみましょう。このかけ算は、

　　　　与えられたデータ**a**に対して、Pというシステムが**b**という結果をもたらす

[*7]　ぜひこの「かけ算」を紙に書き写し、その構造を見てください。

ことを表したものと見ることができます。すなわち、

$$\mathbf{a} = \begin{pmatrix} x \\ y \\ z \end{pmatrix} \quad \xrightarrow{\text{システムP}} \quad \mathbf{b} = \begin{pmatrix} 32x + 25y + 17z \\ 16x + 11y + 9z \\ 57x + 0y + 45z \\ 46x + 39y + 20z \end{pmatrix}$$

と変換したものになります。

　ここで得られた結果 $\mathbf{b}$ の内訳をよく見てみましょう。4次元のベクトルですが、それぞれの成分が、$\mathbf{a}$ の成分を定数倍して加えたもの（線形結合・1次結合）になっています。このような式で表される変換を線形変換と呼びます。

行列の積

　別のシステムを考えましょう。

　そろそろ文字の種類が底をついてきたので、少し表記を変えます。

　4つの工場の生産から得られる利益をそれぞれ b_1、b_2、b_3、b_4 としましょう。

　もう単位は「万円」でも「億円」でもなんでもいいと思います。

　それぞれの工場の払う税金を考えましょう。4つの工場のうち、第1工場はカコクナ国にあるので法人税率は20％、他の3つはシレツ国にあるので30％です。

　カコクナ国の法人事業税率は10％、第2工場はシレツ国の首都シレットの近郊にあって法人事業税率が40％、第3工場は郊外なので20％、第4工場は保護特区にあるので法人事業税はありません。

　この会社が払う法人税と法人事業税を計算しましょう。税率は、

	第1工場	第2工場	第3工場	第4工場
法人税	0.2	0.3	0.3	0.3
法人事業税	0.1	0.4	0.2	0

と表すことができます。前に決めた列ベクトルと行列の積の定義にしたがい、4つの工場の利益を列ベクトルで表し、この税率をかけることによって、

$$\begin{pmatrix} 0.2 & 0.3 & 0.3 & 0.3 \\ 0.1 & 0.4 & 0.2 & 0.0 \end{pmatrix} \begin{pmatrix} b_1 \\ b_2 \\ b_3 \\ b_4 \end{pmatrix} = \begin{pmatrix} 0.2b_1 + 0.3b_2 + 0.3b_3 + 0.3b_4 \\ 0.1b_1 + 0.4b_2 + 0.2b_3 + 0.0b_4 \end{pmatrix}$$

と法人税および法人事業税が計算できることがわかります。

ここで、各工場の利益が(7.1)の $\mathbf{b}$ で得られたとすれば、それを代入すると何が得られるでしょう。

スペースの関係で $\begin{pmatrix} 0.2 & 0.3 & 0.3 & 0.3 \\ 0.1 & 0.4 & 0.2 & 0.0 \end{pmatrix} = \begin{pmatrix} a & b & c & d \\ e & f & g & h \end{pmatrix}$ と書くことにすると、

$$\begin{pmatrix} 0.2 & 0.3 & 0.3 & 0.3 \\ 0.1 & 0.4 & 0.2 & 0.0 \end{pmatrix} \left[\begin{pmatrix} 32 & 25 & 17 \\ 16 & 11 & 9 \\ 57 & 0 & 45 \\ 46 & 39 & 20 \end{pmatrix} \begin{pmatrix} x \\ y \\ z \end{pmatrix} \right]$$

$$= \begin{pmatrix} a & b & c & d \\ e & f & g & h \end{pmatrix} \left[\begin{pmatrix} 32 & 25 & 17 \\ 16 & 11 & 9 \\ 57 & 0 & 45 \\ 46 & 39 & 20 \end{pmatrix} \begin{pmatrix} x \\ y \\ z \end{pmatrix} \right] = \begin{pmatrix} a & b & c & d \\ e & f & g & h \end{pmatrix} \begin{pmatrix} 32x + 25y + 17z \\ 16x + 11y + 9z \\ 57x + 0y + 45z \\ 46x + 39y + 20z \end{pmatrix}$$

$$= \begin{pmatrix} a(32x+25y+17z)+b(16x+11y+9z)+c(57x+0y+45z)+d(46x+39y+20z) \\ e(32x+25y+17z)+f(16x+11y+9z)+g(57x+0y+45z)+h(46x+39y+20z) \end{pmatrix}$$

$$= \begin{pmatrix} (32a+16b+57c+46d)x+(25a+11b+0c+39d)y+(17a+9b+45c+20d)z \\ (32e+16f+57g+46h)x+(25e+11f+0g+39h)y+(17e+9f+45g+20h)z \end{pmatrix}$$

$$= \begin{pmatrix} 32a+16b+57c+46d & 25a+11b+0c+39d & 17a+9b+45c+20d \\ 32e+16f+57g+46h & 25e+11f+0g+39h & 17e+9f+45g+20h \end{pmatrix} \begin{pmatrix} x \\ y \\ z \end{pmatrix}$$

となることがわかります[*8]。

$$\begin{pmatrix} a & b & c & d \\ e & f & g & h \end{pmatrix} \left[\begin{pmatrix} 32 & 25 & 17 \\ 16 & 11 & 9 \\ 57 & 0 & 45 \\ 46 & 39 & 20 \end{pmatrix} \begin{pmatrix} x \\ y \\ z \end{pmatrix} \right] = \left[\begin{pmatrix} a & b & c & d \\ e & f & g & h \end{pmatrix} \begin{pmatrix} 32 & 25 & 17 \\ 16 & 11 & 9 \\ 57 & 0 & 45 \\ 46 & 39 & 20 \end{pmatrix} \right] \begin{pmatrix} x \\ y \\ z \end{pmatrix}$$

となると思うのは自然でしょう[*9]。そして、

$$\begin{pmatrix} a & b & c & d \\ e & f & g & h \end{pmatrix} \begin{pmatrix} 32 & 25 & 17 \\ 16 & 11 & 9 \\ 57 & 0 & 45 \\ 46 & 39 & 20 \end{pmatrix}$$

$$= \begin{pmatrix} 32a+16b+57c+46d & 25a+11b+0c+39d & 17a+9b+45c+20d \\ 32e+16f+57g+46h & 25e+11f+0g+39h & 17e+9f+45g+20h \end{pmatrix}$$

であると定めることが妥当ではないでしょうか。つまりはまたもや都合がいいので、このように決めるのです。わかるとかわからないということではなくて、このように定めると諸般のつじつまが合うのでそ

[*8] 丁寧に紙に書き出してみるのが理解への最短ルートです。

[*9] 普通「かけ算」ではA(BC)=(AB)Cですね。

うしましょう、それにつき合ってくださいということなのです。

　ちなみにこれはベクトルと行列の積の拡張の形と見ることができるといえるので、その点でもふさわしい定め方だといえます。

応用　マルコフ連鎖 —— 行列に確率を取り込む

SOBUKAWA

昨日の状況から今日の状況を決める

　こんな問題を考えてみましょう。毎日昼食に行く食堂があります。そこは「とんかつ」「カレー」「牛丼」の3品だけを出す店です。毎日同じものでは飽きてしまう。順に注文していくのもいいのですが、それも味気ない。そこで次のようなルールで選ぼうと思います。

【ルール】毎日サイコロを振ってその日に食べるものを決める。
　Case1　前日がとんかつだったとき
　　◆1の目が出たら今日もとんかつ
　　◆2、3、4の目が出たら今日はカレー
　　◆5、6の目が出たら今日は牛丼

　Case2　前日がカレーだったとき
　　◆1、2、3、4、5の目が出たらとんかつ
　　◆カレーは続けない
　　◆6の目が出たら牛丼

　Case3　前日が牛丼だったとき
　　◆1の目が出たらとんかつ
　　◆2、3の目が出たらカレー
　　◆4、5、6の目が出たらまた牛丼

このようにすれば、毎日の昼食を楽しめると思うのです。
　当然毎日何を食べるかわからないのですが、それでも考えてみようというのが数学。とんかつ・カレー・牛丼のどれを食べるかを数式で表してみましょう。

最初の日にとんかつを食べたとします。

2日目の昼食は当然決まらないのですが、その割合は、

$$\text{とんかつ}:\frac{1}{6} \quad \text{カレー}:\frac{1}{2} \quad \text{牛丼}:\frac{1}{3}$$

です。ここまではルール通り。しかし、これに続く3日目はどうでしょうか。2日目になってみないと3日目のことが決められないわけですが、確率的には考えることができますね。

- 2日目がとんかつ（確率は $\frac{1}{6}$ ）なら Case 1
- 2日目がカレー（確率は $\frac{1}{2}$ ）なら Case 2
- 2日目が牛丼（確率は $\frac{1}{3}$ ）なら Case 3

すると、3日目がとんかつになるのは、

- 2日目とんかつ（確率は $\frac{1}{6}$ ）、3日目とんかつ（確率は $\frac{1}{6}$ ）
- 2日目カレー（確率は $\frac{1}{2}$ ）、3日目とんかつ（確率は $\frac{5}{6}$ ）
- 2日目牛丼（確率は $\frac{1}{3}$ ）、3日目とんかつ（確率は $\frac{1}{6}$ ）

の3通り、その確率は $\frac{1}{6}\times\frac{1}{6}+\frac{1}{2}\times\frac{5}{6}+\frac{1}{3}\times\frac{1}{6}=\frac{1}{2}$ と計算できます。同じように、3日目がカレーになる確率は $\frac{7}{36}$、牛丼になる確率は $\frac{11}{36}$ と計算できます。

　この推移を少しまとめて考えてみます。とんかつ、カレー、牛丼を食べる割合、すなわち確率をまとめて、3つの数の組＝ベクトルと見ることにしましょう。

　これを確率（分布）ベクトルと呼びます。1日目はとんかつで確定

なので確率ベクトルは$\mathbf{x}_1 = (1, 0, 0)$。2日目は$\mathbf{x}_2 = \left(\dfrac{1}{6}, \dfrac{1}{2}, \dfrac{1}{3}\right)$。3日目は$\mathbf{x}_3 = \left(\dfrac{1}{2}, \dfrac{7}{36}, \dfrac{11}{36}\right)$。このようにして推移していきます。

　1日目がカレーだったらどのように推移していくか。1日目が牛丼だったらどのように推移していくか。

　この計算をやってみると、実は次のように表せることがわかります[10]。

$$\mathbf{x}_{k+1} = \mathbf{x}_k \begin{pmatrix} \dfrac{1}{6} & \dfrac{1}{2} & \dfrac{1}{3} \\ \dfrac{5}{6} & 0 & \dfrac{1}{6} \\ \dfrac{1}{6} & \dfrac{1}{3} & \dfrac{1}{2} \end{pmatrix}$$

すなわち、前日の確率分布にこの行列を右からかけるとその日の確率分布が求められるわけです。

　この行列は確率分布の推移を表しているので、推移確率行列と呼ばれます。

　1つ前の段階で起きた状況に対して（確率的に）次の状況が定まり、しかもその決まり方がいつも同じであるようなこの「連鎖」を、その研究を大きく発展させた人の名前から「マルコフ連鎖」と呼びます。

連鎖の行く末

　毎日このようにして昼食のメニューを決めると将来的にはどうなっていくでしょうか。

　そのためにはこの推移確率行列のn乗を計算すればよいことがわかります。

---

[10]　確率ベクトルを行ベクトルで書いているので、かけ算の順はこのようになります。

　「線形代数」の教科書にはその理論的な計算の仕方が書いてありますが、ここではもう少しなじみやすい、エクセルを用いて計算をしてみましょう[11]。

図表7-3 推移確率行列

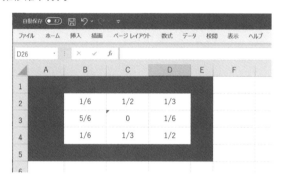

図表7-4 エクセルの設定

---

[11]　見やすいように空のセルを濃くして、太い線にしています。

　ご承知のように、エクセルは分数の扱いはあまり得意ではありません。**図表7-3**のように入力しても、セルを数値にしてしまうと小数になってしまいますがそこは我慢。計算は概算でよいので、「セルの書式設定」→「表示形式」→「数値」と選択、小数点以下の桁数を3としてみましょう。

　するとこのように表示されます。

図表7-5 推移確率行列（小数表示）

　次に同じ行列をコピーします。

図表7-6 推移確率行列の積

　これらは3行3列の行列なので、かけるとまた3行3列になります。そこで計算結果を書く場所をつくって選択します。

図表7-7　積の表示スペースをつくる

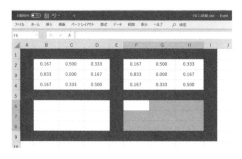

　そして行列の積の関数 mmult を使います。左側の行列全体を選択し、間をカンマでつないで右側の行列全体を選択します。

図表7-8　エクセルに計算させる

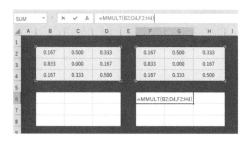

　Ctrl+Shift+Enter とすると2つの行列の積が現れます。

図表7-9 計算結果

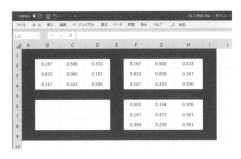

　この積の行列の1行目に、「初日にとんかつ」のときの3日目の確率ベクトルが現れていることが見てとれます。2行目、3行目は何になっているでしょうか。

　元の行列を左下にコピーし、6行目から8行目を10行目以下にコピーしていきます。すると推移確率行列の3乗、4乗と順に求まることがわかります。

　さらに計算を重ねていくと、10乗ぐらいからあとはほとんど同じ行列になります。

　しかも、1行目と2行目と3行目が同じになっていきます。これは「初日に何ではじめても、だいたい10日目ぐらいからあとは、3つのメニューの頻度は一定である」ということになります。

　エクセルでの計算は概算ですが、このようにしておおよその傾向がわかります。

[第7章まとめ] ≫ **行列を使って話す・書く**

☐ 行列は長方形に数が並んだ表である。

☐ データの並んだ表として見るとき、その表同士を足したり引いたりすることを、自然に考えることができる。

☐ データの表の縦横に何を並べるかは状況による。

☐ 一見意味がわからなそうな行列のかけ算は連立一次方程式で表される変換を表している。

☐ 表計算ソフトはこうしたことを背景に設計されている。

微分・積分

いきなり怖い顔つきの「微分積分」

数学を単元ごとに見ていくと、最初がとっつきやすいものと、いきなり「なんだこれは？」と感じるものがあるのではないか。個人差もあるだろうが、あらためていろいろな単元を見ているとそう感じる。

数列などは、最初はやさしい顔をしている。まるでクイズのようだ。ベクトルや行列もそんな感じだろうか。

ただし、途中から顔つきが変わってくるのは同じだ。そうそう簡単に事が済むわけではない。

一方で、はなから「これはまずいな」と思わせるものもある。三角関数や対数など$\sin\theta$や$\log$が出てきて嫌な予感をもったこともあったと思うが、いかにも「数学らしい威厳」のようなものをまとって登場するのが「微分・積分」ではないだろうか。

そのたたずまいからして、どこか人を寄せつけないようなところがある。数学が苦手な人にとっては、象徴的な単元かもしれない。

ただしあらためて見ていくと、意外と微分・積分が「何を目指しているのか」はなんとなくわかってくることも事実だ。

そのあたりの本質を理解しないままに、「導関数」や「極限値」などの言葉に手強さを感じるのかもしれない。

　では、微分・積分はどのように学んだのだろうか。ちなみに、微分・積分については今も昔も高校2年のときに習うことになっている。いわば「文系／理系」を選択するうえでも大きな影響を与えている可能性があるのだ。

意外と厄介な「点」という概念

　微分を学ぶときは、まず2次関数の曲線が取り上げられる。$y=x^2$という線が出てきて、その傾きを考えていくのだ。

　$y=ax$であれば真っ直ぐな線になるので、その傾きがすぐにわかる。「傾き」や「切片」は中学で学んでいるはずだ。

　だったら2次関数のような場合だったらどうなるのか、というのはたしかに気になる。そして、とりあえず今まで学んだ考えで、この問題に取り組もうとするのだ。

　それが「平均変化率」というものである。先の$y=x^2$で、xが1から2に変化するときにyはどうなるか？

　xは1増えるのに対して、yは1から4となり増加量は3となる。とりあえず、曲線の2点を直線で結んでみるわけだ。ただし、それだけでは2次曲線の傾きがわかるわけではない。そこで、こんな考え方を導入する。

図表8-1 平均変化率

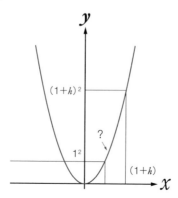

まず $f(x)=x^2$ において、x の値が 1 から $1+h$ まで変化するときの平均変化率を求める。これは計算すると、

$$2+h$$

となる。ここまでは手を動かせばたどり着けるのだが、このあとの考え方にちょっとした壁があるように思うのだ。

ここで「h を限りなくゼロに近づける」という発想が出てくる。

$$h\ が0.1\ なら\quad 2+h=2.1$$
$$h\ が0.01\ なら\quad 2+h=2.01$$
$$h\ が0.001\ なら\quad 2+h=2.001$$

というわけで限りなく近づけることによって、$2+h$ の「極限値」という概念を考えることになる。これが、こういう式になるのだ。

$$\lim_{h\to 0}(2+h)=2$$

この lim を見た時点で、なんとなく思い出した人もいるだろう。この lim は極限の limit を略したものだ。そして、h は限りなくゼロに近いのだから、極限値は 2 ということになる。

こうやって見ていくと、微分の計算というのは、概念がわかればそんなにややこしくはない。

いわれた通りに「これが極限値」と覚えれば、決まった手順でわかるのでないか。

ところが、「微分の概念」というものを、そこまでスッと飲み込めるのか？ というとそれはまた別の課題だと思うのだ。

特に「限りなくゼロに近づける」ということを概念として、わかるかどうか。これは、もしかしたら、学ぶ側のセンスや教える側の方法によっても左右されるのかもしれない。

減っていく「無限」は難しい

　どうして、「限りなくゼロに近づける」というのが直感的にわかりにくいのか？　と感じたときに思い出すのが「アキレスと亀」の話である。

　アキレスは亀の10倍速いとしよう。そしてアキレスは亀の100m後ろからスタートする。当然前をゆったり歩く亀をどこかで追い越すと思うのだが、100m走ったときには、亀は10m先にいる。

　さらに10m走ると亀は1m先にいる。また1m先に行くと、亀は10cm先にいる。

　というわけで、アキレスは亀に永遠に追いつけないというパラドックスである。

　これは、先ほどの説明と同じで「限りなくゼロに近づける」話だ。ある意味で無限のことを論じている。ただ無限というと、一般的には限りなく増加しているイメージだろう。

　だから「無限大」という言葉が一般的だ。しかし一方で「無限小」という概念もあるらしい。「らしい」というのは、今回微分のことが気になり始めて調べていくうちに知った程度で、本質をつかんだ感じにはなっていないのである。

　数学は、あるところから急速に概念的になっていく。概念的というのは「可視化しにくい」とも言い換えられるだろう。

　「2乗するとマイナスになる」という複素数も、数列のΣも見ることはできない。

　では、そこを理解するのは教わる側のセンスなのか、教える側の方法論なのか、というのはここでは突っ込まないことにしよう。

　ただし、微分の概念を理解するには「ある"点"における傾き」という概念をいっぺん「飲み込む」必要があると思うのだ。先にも書いたように、数学の意味はもう少し味わいたいところでもあるが、ここは「飲み込んだ」という前提で、積分の話を見ていこう。

積分は意外と「見えやすい」ことに気づく

そして、微分と対になるのが積分である。では、積分はどのように定義されてるのかというと、実にあっけない。

> 微分して $f(x)$ になる関数を $f(x)$ の不定積分という

これを読めば、「つまり微分の逆なんだな」と気づくだろう。「積分することは微分することの逆の計算」と書かれているし、微分を理解すれば、積分の問題を解くことはさほど困難ではないだろう。

そして、まず概念として学ぶのが「不定積分」で、より可視化されるのが「定積分」となる。これによって、曲線と直線、あるいは曲線同士で囲まれた部分の面積を求められるようになるのだ。

面積を求める方法として、それまでに学んだのは三角形や四角形など直線図形か、円、およびその組み合わせだったので、積分によって新しい世界に入った感じがするだろう。

そして、個人的な感想をいうと「積分はけっこう見えやすくて、安心感がある」と思うのだ。

そこで気になるのが微分積分の成り立ちだ。表と裏のように学ぶのだが、どういう視点からこのようなものが生まれたのだろう。

確率は生活、というか賭け事の知恵と深く関係している。また、数列は増加していくパターンを見つけることで金利計算にも応用できた。

定積分の「面積を求める」というのは実用性を感じるが、微分の「傾きを知る」ということは、どのようにして実用性を深めていくのだろうか。

微分積分は、公式を覚えれば「ある程度」は解くことができる。しかし、せっかくなので高校では教わっていない「そもそも」を知ってみたくなるのである。

そもそも 微分とは瞬間の変化率を示す

SOBURAWA

まず「関数」について

　学校で数学を学んでいるときは、とにかく「問題を解く」ことが当座の目標でした。

　「これは何かの役に立つためにやっているのだろう」ということは想像できるときもありますが、それを理解する前に数学とは縁が切れてしまった人も多いかもしれません。

　微分の話をするにしても、公式はこうであるとか解法はこうであるということに目がいきがちで、その「そもそも」を考えるときには相当に手前から始める必要があるようです。

　　そもそも関数、そして関数のグラフとは何か。

　このあたりから紐解いてみましょう。たとえば、

　　　　関数 $y = 3x - 2$ とは。そしてそのグラフとは何か。

多くの人は「直線」「傾き」「$(y\text{-})$切片」といったことを考えるのでしょう。もちろんそれも重要なのですが、その前にもっと見ておかなくてはいけないことがあります。

　関数 $y = 3x - 2$ とは、

$$x=-2 \text{ のときに } y=-8$$
$$x=-1 \text{ のときに } y=-5$$
$$x=0 \text{ のときに } y=-2$$
$$x=1 \text{ のときに } y=1$$
$$x=2 \text{ のときに } y=4$$
$$x=3 \text{ のときに } y=7 \quad \cdots\text{という対応の全体}$$

なのです。そして、

$$(-2, -8), (-1, -5), (0, -2), (1, 1), (2, 4), (3, 7), \cdots$$
という点の総体

を関数 $y=3x-2$ のグラフといいます。こういう各点ごとに見るのが「関数のそもそも」なのです。そしてこの条件を満たす点をすべて並べてみると、結果的にそれが直線になるのです。

　経済の話に近いところで、もう1つこんな例を考えてみましょう。
　経済学の教科書の最初にある「需給曲線」を考えてみます。

図表8-2 需給曲線

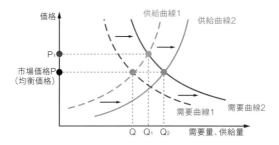

この図もなんとなく眺めてしまいますが、そもそもこの曲線はなんなのか。たとえば供給曲線とはそもそもは、

　　　「これだけの価格になるのなら、生産者はこれぐらいつくる＝
　　　供給する」ということについて、価格と供給量の組を平面上の
　　　点として表したもの全体

です[*1]。本来は先にそうしたデータがあって描かれるグラフであるべ
きなのかもしれません。
　一方で、

　　　「価格が上がれば、より多くの売り上げを期待して供給を増や
　　　そうとする」のだから、「高い価格に対して供給量が多くなる」

と理論的に考えることができます。それをこの供給曲線という形で見
やすく表現しているのです。需要曲線も同様です。そのときに、

　　　「高いならあまり買わないけれど、安くなればたくさん買う」

ということが表現されるのです。

関数で微分の意味を知る

　さて、このことを言い換えてみましょう。原則として関数やそのグラ
フは「ローカル＝各点およびその近く」で考えるのが第一歩になりま
す。それを踏まえて「グローバル＝全体」で見ることによって得ら
れること、また表現できることがあります。
　問題はこの「ローカルの範囲」です。別の関数を考えてみましょう。
ビジネスでは使うことの少ない関数ですが、三角関数 $y=\sin x$ を考え
ます。ここで x の値の単位はラジアン、すなわち $180°=\pi$ ラジアンで
す。

---

*1　数学・統計学では伝統的に先に決めるほう（独立変数）を横軸にとるので、支配的である価格を横
軸にとりたくなりますが、需給曲線では昔からこのように軸をとります。

グラフは次のようになります。

図表8-3 正弦曲線

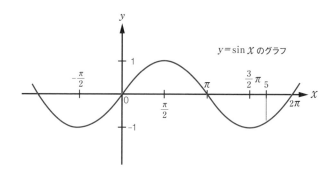

$\sin 0 = 0$ なので原点を通るわけですが、x が少しだけ、たとえば5だけ増えたらyの値はどうなるでしょう。

$$5 \text{ラジアンはおよそ} 180° \times \frac{5}{\pi} \fallingdotseq 287°$$
$$\text{したがって} \sin \text{の値はマイナス。}$$
$$\text{だから、} \sin x \text{は減少関数である。}$$

これはどう見てもまずいのです。ではどのくらいの範囲を見ればいいのでしょうか。残念ながら、いくら小さくしたところでそれをかいくぐるような関数が出てきてしまうのです。なので、xの増え幅はいくら小さくしてもダメで、0にまで近づけなければいけないのです。

ここで気をつけなくてはいけないのは、0に近づくのであって0ではないのです。xが0だけ増えても、増えてはいないので、yの値も変わらず、何もわからないのです。それがすなわち「瞬間の変化率」そして「微分」という概念に至ります。

株価のグラフと微分

そうはいっても微分という概念はなかなか捉えにくいものですね。

でも皆さんご安心ください。自然界ではそうともいえませんが、少なくとも経済を考えるうえで、「無限に小さい」なんていうものはありません。ではなぜそんな概念を？　微分なんて役に立たない？　まあ慌てないで順に考えていきましょう。

　最近の株式取引は「アルゴリズム取引」というようなツールが登場したおかげで非常に高速な取引が高頻度におこなえるようになりました。しかしそれでも取引の回数は有限回です。仮に1ナノ秒に1回の取引がおこなわれたとしても、1秒間に10億回、1時間でも3兆6000億回です[*2]。

　しかも、2つ以上の取引が同時におこなわれることはありません。原理的に1つのサーバは一度に1つの操作しかできませんので、必ず順序がつきます[*3]。

　したがって、株価のグラフを書こうと思ったら、それは絶対に線ではなくて点が並ぶはずです。言い方を換えると、経済現象はすべて数列で書き表せるはずです。たとえば、アルゴリズム取引を考えるときには1ナノ秒ごとの株価変動を調べることになります。

　でも皆さん、こう聞くとうんざりしてきませんか。そうです。原理的には可能なのかもしれませんが、実際には1時間の株価の変動をグラフの上で考えるのに、3兆個の点を打つとか3兆個の数が並ぶ数列を考えるのは無理です。

　一方ですべての株式がそんな頻度で取引されているわけではありませんから、意味があるとも思えません[*4]。

　3兆個のデータを全部扱うのは労多くして功少なし。それよりも、

[*2]　こういう密集した状態では特殊なことが起きることがありますが、本書ではそういうことには深入りしません。

[*3]　CPUが複数あるときなどいろいろ考えると難しくなりますので、とりあえずそれは専門家に任せることにしましょう。

[*4]　実際にはそれを考えておこなわれる取引もありますが、そういうことにも深入りしないことにします。

連続的に株価が変動していると思ったほうが捉えやすいのです。もちろん、ある瞬間に突然株価が大きく変動することがあります。しかし、それは以上のようなことを考えれば当たり前なのです。もともと飛び飛びのデータですから。

しかしそれでは大変なので連続したグラフ（関数）で考える。およそ関数（のグラフ）というものを、「本来は飛び飛びの値なのだが、とりあえずつないでみたほうがわかりやすいから使うもの」と捉えることにします。

さて、もう少しこの1ナノ秒ごとの取引について考えてみましょう。株価を考えるときには、それが上がるか下がるかというのは大切なファクターです。

現在1000円の株が1ナノ秒ごとに1円ずつ値上がりしたらどういうことになるでしょうか。もちろんそんなことがあったらあなたも私も大金持ちです。1秒後に10億1000円。おっと、それはいくらなんでもあり得ないです。では1ナノ秒ごとに1銭では？　それでも1秒で1000万円の値上がり。そう考えると、1ナノ秒では株価は動かないと見るのが普通です。もちろんあるとき急に動くかもしれないけれど。

こうなってきたら、超短時間での変動を考えるのは意味がないことになります。意味があるのはある程度の時間間隔をとって、その間にどれだけの変化があるかです。そこである程度の時間経過の前と後での値を比べる「平均変化率」という概念に至るわけです。

もちろんその時間経過の間には上がったり下がったりということがあるでしょう。

なのでその時間を短くする。1ナノ秒を考えると平均変化率は、

$$\frac{\text{ほとんど変化がない？}}{1\text{ナノ秒}} = \frac{0}{0}?$$

ということにもなりかねません。そこで、ソロリソロリ、だんだんと考える時間経過を短くしていく。それにつれて株価変化も変わるけれど、その割合が都合よくある値に近づくときこれを微分と呼ぶので

す。

　ここまで考えたところで、もう一度経済学の教科書の最初に載っている需給曲線に戻りましょう。

図表8-2 需給曲線（再掲）

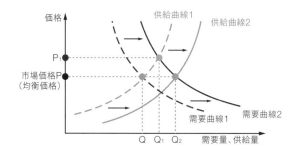

　図表8-2の需給曲線をどう見るか。右に下がっていくのは需要曲線で、右上がりになるのが供給曲線です。右に向かうときの上がり下がりの様子が重要になります。このグラフを最初とは別の見方をしてみましょう。

　需要が増加したのに、供給がそのままであれば、価格は高くなるといえます。そして、供給が増加すると、それに合わせて価格は低下して均衡します。逆に、供給を絞り込めばより高い価格で均衡するということをこの図から読み取ることもできるでしょう。

　ただし、ここに描いた曲線はあくまでも理論的なモデルです。実際の需給曲線はその商品によって異なりますし、同じ商品でも他のなんらかの理由で需給が増減することもあります。そう考えた場合、この曲線の上がり下がり＝傾きは多様なものになるでしょう。

　また、複数の商品について需要曲線を比較する必要も出てくることがあります。その場合、この曲線の傾きがどのようになっているか、また交点の傾きはどう異なるのか？

　こういったことを精密に考えるときに、微分の概念をもって捉えることでその意味がはっきりしてくるのです。

応用 状況を式を用いて表現する

SOBUKAWA

多産のウサギの話

　微分がなんのために考えられたのか。そもそも面積という形で登場した積分に遅れること数千年。それについて、例を考えてみましょう。ここはひとつ、おめでたい多産のウサギの話。ウサギの妊娠期間はおよそ30日前後。出産するとすぐにまた次が可能になるようです。

　しかも毎回4〜6羽産む[*5]。生まれた子どもは半年もしないうちにまた子どもを産むようになりますからどんどん増えていきます。

　単純化して、1つがいのウサギは1カ月後に合計でだいたい6羽ぐらいになっていると見ることにしましょう。

　1カ月で3倍になる。2カ月後には18羽。3カ月後には54羽。定期的に出産を繰り返すならば単純計算で増えていく話になりますが、数が増えていけば妊娠の間隔が開くメスも出てきます。そうなると毎月定期的に増えていく話にはならない。

　逆に見ると、個体数が増えれば、年中どこかで出産がおこなわれることになるわけです。

　少し一般的な設定のもとでその増え具合を考えましょう。難しい式が並びますが、数式を使って表現できることを見てください。

　時刻を t で表します。ウサギの集団があったとき、その個体数は時間に応じて変わっていくので、t の関数 $x(t)$ で表します。1羽のウサギに対して単位時間あたり a 羽のウサギが新しく生まれるとし、時間が Δt だけ経過したとき、x が Δx だけ増えたとすれば[*6]、

$$\Delta x = ax(t)\,\Delta t$$

[*5]　種類によって妊娠期間や一度に産む数は色々あるようです。
[*6]　ギリシャ文字 Δ は普通のアルファベットでは D。増加分ということで「差 difference」の頭文字を使います。

という式で表すことにはそれほど違和感はないと思われます。総数が増えれば増加数も増える。その変化の様子を把握するには Δt が0に近づいたときの状況を考えるのが微分の考え方。すなわち、

$$\frac{dx}{dt}=ax$$

という関係式を得ることができます。a は正の定数。x は t の関数。微分を含んだ変数 t と x の関係式を微分方程式といいます。

この式の両辺を x で割り、両辺を t で積分してみると、

$$\int \frac{1}{x}\frac{dx}{dt}\,dt=\int a\,dt$$

それぞれ計算すると、

$$\log x=at+K \quad さらに変形して、x(t)=Ce^{at} \quad (C=e^{K})$$

となり、まさに「指数関数的に」増加していくことがわかります[*7]。

ウサギを餌にするオオカミも考える

次に少し複雑な状況を考えましょう。ウサギとそれを餌にするオオカミの関係です。単純に捉えるため、次のような状況を仮定しましょう。

- ◆ ウサギの餌は十分にある
- ◆ オオカミの餌はウサギだけ

オオカミの総数を y とします。もちろん時間 t に依存します。オオカミとウサギが出会う機会は、それぞれの総数に比例する。そこでは確実

---

*7 ここに出てきた K は積分したときに出てきた定数を表しています。それを使って $C=e^{K}$ と定めました。

に狩りがおこなわれます。

そうすると、正の定数 b を使って、

$$\frac{dx}{dt} = ax - bxy$$

と表すことができることがわかります。一方、オオカミの個体数についても同様に考えます。今度は逆に、もし餌（＝ウサギ）がいないならば、一定の割合でオオカミは死ぬ。また、狩りが成功することによってオオカミの個体数は増える。したがって正の定数 p、q を使って、

$$\frac{dy}{dt} = pxy - qy$$

と表すことができます。この2つの式（微分方程式と呼びます）は同時に成り立つので、これらを連立させた、

$$\begin{cases} \dfrac{dx}{dt} = ax - bxy \\ \dfrac{dy}{dt} = pxy - qy \end{cases}$$

というシステムがオオカミとウサギの関係を表していることがわかります[8]。

数学といえば「解く」と思う人も多いでしょう。この微分方程式の場合、時間変化にともなってウサギ x とオオカミ y がどう変化するか、すなわちこの関係式を満たす関数 $x(t)$、$y(t)$ が求められればいい[9]のですが、どうやらそれは難しいようです。しかし解けなくてもこの式

---

[8]　ロトカ・ヴォルテラの方程式といいます。

[9]　そのような関数をこの微分方程式の解と呼び、解を求めることを微分方程式を解くといいます。

から直接わかることがあります。

　このモデルではオオカミとウサギ以外の要因を考えないので、オオカミとウサギの数がちょうどバランスをとる可能性があります。

　生まれる数と捕食される数が等しくなるケース。両方の増加・減少がなくなるケースともいえます。このシステムでいえば、

$$\begin{cases} \dfrac{dx}{dt} = ax - bxy = x(a - by) = 0 \\ \dfrac{dy}{dt} = pxy - qy = y(px - q) = 0 \end{cases}$$

となるのがそうした平衡状態になること。したがってそのときには、

$$y = \frac{a}{b}, \quad x = \frac{q}{p}$$

となっているはずです[*10]。

　ただ実際にはうまく平衡状態になるかどうかはわかりません。そこでもう少し細かく見てみましょう。$x, y > 0$ であることに注意します。すると、

　　オオカミの個体数 $y > \dfrac{a}{b}$ のとき、$\dfrac{dx}{dt} = ax - bxy = x(a - by) < 0$

となるので、ウサギの数 x は減少。

　　オオカミの個体数 $y < \dfrac{a}{b}$ のとき、$\dfrac{dx}{dt} = ax - bxy = x(a - by) > 0$

となるので、ウサギの数 x は増加。

---

*10　代入してみましょう。x=y=0も平衡状態といえますが、それはオオカミもウサギもいない状態なので考えないことにします。

ウサギの個体数 $x>\dfrac{q}{p}$ のとき、$\dfrac{dy}{dt}=pxy-qy=y(px-q)>0$

となるので、オオカミの数は増加。

ウサギの個体数 $x<\dfrac{q}{p}$ のとき、$\dfrac{dy}{dt}=pxy-qy=y(px-q)<0$

となるので、オオカミの数は減少します。

これらを組み合せると、両者は図のように推移していくと考えることができます。

図表8-4 ウサギ個体数とオオカミの個体数

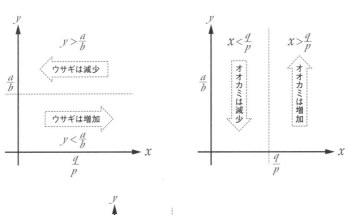

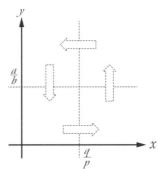

　さて、ここまで議論が進んだので何か「答えを導く」のでしょうか。もちろんそういう方向に進むことが可能な問題もあるでしょう。

　しかしこれだけではダメでしょうか。

「状況を式を用いて表現する」

　このことだけでも上のように自然界の現象を把握することができます。

　そのとき「式」は数学における「文章」になります。

　文章を用いて状況を明らかにすることは一般によくおこなわれることです。特にこの例のように、微分という概念は、数式を用いて状況を表すために使えるケースがたくさんあります。解いて解を見つけることができるケースもありますが、そうでなくても大きく役立つものがあります。

　これが「数学を用いて書く」ことのもたらす効用の1つです。

微分の逆といわれる積分の意味とは？

SOBUKAWA

積分には大きく分けて2つの意味があります。1つは古代エジプトですでに考えられていたといわれる面積の概念。長方形や三角形、多角形の面積を考えることはそれほど難しくありませんが、曲線に囲まれた部分の面積をどう考えるかについてはさまざまな考察がおこなわれたようです。

もう1つは17世紀頃から始まった微分という概念の逆としての意味。

高校ではこのことが積分のスタートになっていたと思います。

そしてこれは前節で紹介した微分方程式を「解く」、すなわちその微分方程式が成り立つような関数＝解を求めることに使われます。

もちろん数式を操って微分方程式を解くこともありますが、実はそれができるのはごく特殊なケースのみ。大抵の微分方程式は数式だけで解くことはできません。

現代数学では、解をよく見知った関数で表すことができなくても、解が存在することや、どういう性質をもつかを調べます。

そのことによって安定したシステムをつくることが可能になることがあります。

また最近はコンピュータによって数値的に積分を計算することができます。

その数値積分の理論は「面積」に連なる考え方。そこから逆に微分方程式の解を数値的に構成することもおこなわれます。

話が専門的になるのでこれ以上は述べませんが、高校で学んだ積分がなんであるのかについては知っていただきたいと思います。

[第8章まとめ] ≫　微分・積分を使って話す・書く

□ 微分は変化していく数値の「ある点」における状態を規定するためのもの。学校で学ぶときには2次関数のような曲線の一点における「接線」とその「傾き」という形で視覚化されている。

□ この傾きは「刻々と」変化している。「ある点」といっても、それは無数に存在して、傾きも変化し続ける。元の曲線が無数の点からできていることが、微分によって再認識されるのである。

□ 積分は微分の「逆の概念」として教えられるが、具体的には「面積を求める」ということで可視化しやすい。

□ ただし、それは「無数の点によってできた線がつくった面」を、規定したものといえる。

□ 微分・積分は、「変化の仕方と、その結果」を明らかにする。世の中で観察されるさまざまな自然現象や社会動向のデータを分析するためには、欠かせない考え方である。

必要なのは「数の世界への見通し」

　文系の山本が学校で教えられた数学に対して「モヤモヤ」となったのは、どこだろうと思って振り返ってみると、それは抽象度が上がる箇所だったのではないか、と思うようになりました。

　たとえば、数列なら等差数列から教えられますが、1, 3, 5, 7, 9,…という具体的な数の並びを見せられて、これは「一般項として$a_n = 2n-1$と表現する」と教えられてもあまり疑問は生じません。これは等差数列の次に出てくる等比数列を見ても、さして変わりません。ただ、これが無限に続いて、さらに数列の和はΣを使って表せる、となり「無限に続いて、和を表す」となると、「モヤモヤ」が生まれるのではないでしょうか。

　対数でも同様なことが起こります。たとえば「$2^x = 4$を満たすxの値は2」「$2^x = 8$を満たすxの値は3」….と示されて、「$2^x = M$を満たすxの値に対して$\log_2 M$と表して、2を底とするMの対数と呼ぶ」と教えられます。そして、この対数を関数グラフにすると、指数のときとは違ってx軸とy軸がひっくり返ることで、「モヤモヤ」としてきます。

　こうしたところを「スッと」受け入れるかどうかが、数学的センスの分かれ目になるのではないかと思っています。「スッと受け入れられない」「引っかかった」部分を意識し理解したうえで、ビジネスや生活のなかで、数学が使われているケースを見ると、数学を専門としていない人にとってまず必要なのは「数の世界に対する見通し」なのだというのがわかります。

　問題を解くこと、グラフを書くことではなく、「こういう性格の数でできているんだ、だからこういう結果になるんだ」ということが理解できれば、ひとまずよいのではないかと考えるようになりました。

　数というのは、無機的に見えますが、実は生き物のように振舞っているように感じます。そのように数の世界を見ていけるようにすることが、数学を学ぶ上で大切なことではないでしょうか。

無味乾燥から自分の世界へ

　前ページで山本が「必要なのは数の世界に対する見通し」と述べていますが、数学教育を専門とする曽布川も同じようなことを考えていました。本書の執筆をしていく過程のディスカッションで、その思いを強くもつようになりました。

　私が数列の和（Σ）を指導するときには、「要は足し算」「1の場合、2の場合、3の場合……、すべて書き出して、全部足してみなさい」と指導します。対数を教える場合も同様で、毎回、「指数と対数の公式をノートの端に書いておいてください」、それで「何十回でも、何百回でも見ながら、手を動かしてください」と指導します。これを繰り返していくと、数列や対数の世界が「自分の世界」になってくる。つまり、公式を無理に暗記しなくとも、自分のものになる。おのずと「数の世界に対する見通し」が立つようになってきます。実際、私自身も研究するときには、まず手を動かしてみることで、研究の見通しを立てます。

　公式がすぐ身について、なんとなく問題が解けてしまう、いわゆるセンスのある人が教えると、繰り返し手を動かすことを必要なしとしてしまいがちです。そういう学び方では、生徒は数学を「自分の世界のもの」にすることはできません。「自分の世界のものになっていない」無味乾燥な公式に耐えて、問題を解いていくことになります。無味乾燥に耐えられるか／耐えられないかが、「数学ができる／できない」を分けてしまっているのは大変残念な状況です。

　本質を追求していくと、無味乾燥にならざるをえません。余計なものをそぎ落としていくわけですから、ある意味で当然です。数学の公式はその最たるものです。そして、その数学を無味乾燥、納得できない、わからないと思うのは、必ずしも悪いことではない。そうした部分を根っこまで掘り下げて、自分の世界に近づけてもらう／取り込んでもらう、これが私がこの本を書くにあたって考えたことです。

第 3 部

数学的に説明する

第 9 章

ツールとしての数学を
ビジネスに

なぜ学ぶのかを見通してみる

「そもそも何を考える？」と「何ができる？」で整理

　さて、第2部では学校で学ぶ数学について振り返ってみました。

　あらためて見ると、数学とは世の中で起きることを「数学という窓」から見直していく技法であるということがわかると思います。

　今回は6つの項目について考えてきましたが、その内容についていったん整理してみようと考えています。

　「そもそも何を考える？」という視点と、「何ができる？」という視点でながめていくと、数学が私たちの社会生活にどのように関わっているかがあらためてわかります。

図表9-1 6つの項目を整理する

	そもそも何を考える?	何ができる?
数列	◆ 文字通り「数の列」であり、どのようなものでも数列となる ◆「何番目(第n項)がどんな数になるか」ということが課題となることが多い ◆ またある項までの総和を求めることも課題となる	◆「このように数値が変化すると、ある時点での数値は将来どうなるか?」ということを考えるときに使われる ◆ 金利計算や投資の回収など、生活や経営における財の変化や見通しを知ることができる
対数	◆ Mという数は「aのx乗か?」と考えたとき、このxが対数となる ◆ 横軸を時間軸、縦軸を対数とすることで増減の傾向がつかみやすい。「対数の窓」から数字の動きをつかむことで、特に等比級数的な数値の動きがつかみやすくなる	◆ 急速に増える数値が複数あるとき、対数で見ることで、比較が容易になり、変化や構造を把握することができる ◆「1つの店やサイトにおける商品ごとの売上数」のように桁数の異なる数値を比較して、全体構造を理解することができる
ベクトル	◆ ベクトルには2つの見方があり、1つが「数の組」で、もう1つが「矢印」である ◆ 複数の種類のデータを組にすることで多面的に対象をとらえるとともに、図形として見ることもできる	◆ レーダーチャートはベクトルを図形化したものの1つであり、さまざまな数から現状を分析することに応用できる ◆ 取り扱うデータの次元が大きい際に「何が何に影響しているか」を分析する多変量解析にもつながっていく
確率	◆ 将来において「どのような事柄が起きうるか」という未来の可能性の大小を比較することができる ◆ その結果として、実際に発生する数を「期待値」として扱うことで「得られることの可能性」を検討できる	◆ 自然現象の変化の可能性を考えれば気象予報に応用されるし、経済的な利得ないしは損失が発生する可能性を明らかにするためにも使われる ◆ さまざまな可能性を知ることで「備え」をおこなうことができる
行列	◆ 数を長方形型に並べたものが行列であり、一定のルールの下で和や積を求めることができる ◆ 行列のかけ算は、連立1次方程式で行われる変換を表している	◆ 表計算で扱うように、行と列それぞれが何を表すかを決めたうえで、その関係を明らかにしていく ◆ データを分析していく上ではベクトルや行列の考え方が根底にある
微分・積分	◆ 微分は変化していく数値の「ある点」における状態を規定するための考え方 ◆ 積分は微分の「逆の概念」とされるがその瞬間を積み重ねた結果、どのような量になるかを明らかにする	◆ 時間軸にしたがって変化していくデータの動きをミクロで捉えたり、経過とともに変化する量の分析や予測をおこなう ◆ 過去データの分析から将来予測まで幅広い分野において応用される

　1つはさまざまな事象の変化を見ることで、過去を知り、未来を予測することです。自然現象であれば、気象予報などがもっともなじみ深いでしょう。また経済活動に関する予測も、さまざまな方法でおこ

なわれています。

日々の生活と仕事への見通しがよくなる

もう1つは、現在の構造を明らかにするということです。世の中に存在するさまざまな要因の関係を知らなくてはなりません。

気象予報のためには、毎日毎時さまざまなデータを観測します。企業活動でも多くのデータを収集分析しながら意思決定をおこないます。

実はこうした思考は、多くの人が日常的におこなっています。たとえば、日々の食材を買うことを考えてみましょう。どのくらいの量や栄養が必要か？　好みは何か？　予算はどのくらいか？　こういうことは各家庭によって異なります。そして、そのときの気候や体調や必要性によって、いろいろな食材を買っているはずです。

考えてみれば、けっこう複雑な情報処理をおこなっているわけです。そして知らぬ間に数的処理をしています。ただし、食材や家計に関することで、対数や微分は使わないでしょう。

ところが分析の対象が広くなり、複雑になると数学の技法がとても重要になります。

さらに、デジタル化によってさまざまなデータを分析することが、さまざまな分野で可能となり、数学的なスキルがあらためて注目されるようになったのです。

もちろん、すべての人が数学を常に扱うわけではありません。しかし、「数学はそもそもどんなことを可能にして、今どう役立っているのか」ということを知ることは大切だと思います。

それによって、日々の仕事の目的が明快になり、チームワークも変わるでしょう。その結果として、組織としてより優れた意思決定がおこなわれるようになるはずです。数学的な見通しがよくなることで、日々の生活や仕事の見通しもよくなることでしょう。

そこで本章では、第2部の内容を現実のケースにあてはめて考えていきます。

ケース1 レーダーチャートによる人事評価

人の能力を「正しく」捉えるために

「人の能力を測る」ということはさまざまな場面で、おこなわれています。学校教育でおこなわれる「テスト」はその典型例です。

一方で、実社会における「人の能力」は多面的です。テストだけでは評価できないことがたくさんあるのは当然ですが、その場合は評価者の主観が強すぎる可能性もあります。

公正な人事評価はいわば永遠の課題ですが、できる限り多面的に見ていこうというのが大切だと考えられます。

では、多くある変数をどのように捉えていけばいいのでしょうか。このような事例で考えてみましょう。

ある組織では、8つの指標で評価をおこなっています。かつては、個人の業績数値だけで評価していましたが、こんな声が増えてきたのです。

「売り上げの結果だけがすべてで過程が評価されない」
「さまざまな個性の人がいるのだから、評価も多面的にしたほうがいい」

そこで専門家の意見も聞いて、8つの評価軸を設けるようになりました。しかし、最近は、この評価方法にも疑問の声が聞かれます。

このような状況で、人事担当者は新しく着任した上司にあらためて現在の方法を説明することにしました。

ただし、担当者もこの方法に疑問を感じています。8つの評価ポイントの平均点が同じでも、明らかに貢献度が異なることもあります。

担当者は、**図表9-2**のような典型的な4人の事例を取り上げていますが、どれも平均点は同じようになります。しかし、それは現場の感

覚を反映していないと考えられます。

図表9-2 ある組織の典型的な4人の人事評価

		A	B	C	D
1	コミュニケーション	8	7	4	4
2	顧客志向性	8	7	6	6
3	プレゼンテーション力	8	7	6	5
4	リーダーシップ	8	6	4	4
5	分析力	4	6	9	7
6	問題解決力	6	6	8	6
7	業務管理	3	7	7	9
8	業務知識	5	6	8	9

具体的には以下のような指摘がされています。

- Aのように「コミュニケーション」「顧客志向性」「プレゼンテーション力」「リーダーシップ」がどれも高いタイプが存在する
- 一方でCのように「分析力」「問題解決力」がそれぞれ高いタイプが存在する
- 全体的に目立たないが「業務管理」「業務知識」についてはきちんとしているDのようなタイプも一定数いる

現場の感覚としては、AやCのようなタイプでチームを組むことで成果があがることは実感しているが、現状ではどのタイプでも似たようなポイントになり、Bのように大きな特徴がない社員も同様のスコアになります。

ここで以下のような議論がなされたときに、数学的に分析・表現する方法を考えます。

- 似たような評価になってしまう項目を整理するにはどうすればい

いか

◆ この組織では、個人の業績成果を数値化している。実際に業績に結びつく特徴を知ることで、その能力を特に重点的に評価することが求められるのではないか

　このようなときに、これまでよく使われてきたのがレーダーチャートです。

図表9-3 人事評価のレーダーチャート①

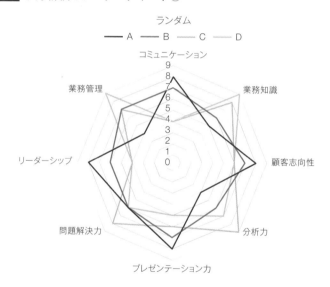

　第5章でベクトルについて学んだときに、工場の生産量の例で説明しました。

　レーダーチャート自体は、データを表計算ソフトに入力すれば描くことは可能ですし、見方もわかりやすいと思います。

　見方①　できた図形の面積が大きければ、総じて評価が高い

　見方②　できた図形の形は指標間のバランスを表している。凹凸が

　　　　あるということはその指標が特別よかったり、また劣って
　　　　いたりすることを意味する

　そのようなことは自明だと思われるでしょうが、だからこそ作成時
にはいろいろと注意する必要があります。

●**注意点①　そもそもどういう項目を数値化するべきか**

　似たような項目ばかり並べても比較の材料にはなりません。またあ
まりたくさんの項目が並ぶと比較が難しくなります。

●**注意点②　データは相対的に「標準化」されている必要がある**

　1つの項目についてたとえば、この4人の評価10点を最高として、
それぞれ8、9、9、9だったとするとそれはほとんど差がないといっ
てよいでしょう。

　そうであればこのチャートに盛り込む必要がありません。一方で
1、5、9、9というような数値になるとすれば相当に大きな差になり
ます。単になんでも数値を入れればよいというわけではなく、それに
はこれを使って何をするかという判断基準を踏まえなくてはなりませ
ん。

●**注意点③　指標を並べる順序にも意味がある**

　ここでは8つの指標についてのチャートを描いていますが、それを
どういう順に並べるかについては考える必要があります。

　担当者は2種類のレーダーチャートを用意しました。1つは、項目
を「ランダム」にしたものです。**図表9-3**は項目をランダムに並べて
表現しています。

　図表9-4は「関連順」にしたものです。この2つでは、相当印象も
違います。特に「関連順」で見せれば、項目同士の関係が見えてきま
す。

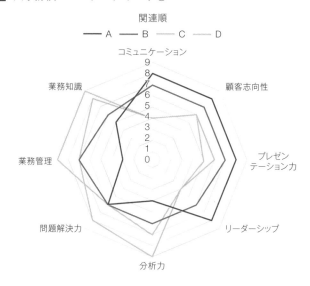

図表9-4 人事評価のレーダーチャート②

一度解きほぐして、考えるにはどうすればいいでしょうか。

ここで確認しておきます。我々が「数学を使う」ときには、実際の対象を数で表し、それを数学の世界に持ち込んでその力でなんらかの結論を出し、それを実際の世界に持ち帰るというプロセスを経ています。このときに重要なのは、

①何を数値化するか
②どう数値化するか
③数学の世界でどのように扱うか

という点において、相当に恣意的なものにもなり得るということです。そこでは実際の対象をどう捉えるか、また第2部で述べたように「どういう目で見るか」というあたりを検討する必要があります。数字はうそをつかないという人もいますが、闇雲にそういってしまうのは危険なのです。

　この場合でも「①何を数値化するか」、つまり「評価項目の選定」が大きな影響を及ぼします。そして、関連順に見せることは、この評価方法にあえて疑問をもたらす効果があるのかもしれません。

　Aさんの評価が高い項目を減らして、BさんやCさんの評価を高める項目を入れれば、総合評価に影響を及ぼします。

　一方で評価項目の数を増やすことも可能でしょうが、そうするといったい何を評価しているのか、という問題が起きてきます。

　評価項目自体は、企業によって異なるでしょう。求める人材像が異なれば評価の視点も変わります。

　そこで客観性を高めて指標自体を再構築するなら、さまざまな業界の人的データを数多く有している会社にアドバイスを求めることも必要となるでしょう。

　現実問題としてコストはかかるでしょうが、社内でいくらレーダーチャートをつくり直しても、出口は見えないかもしれません。

　このようにして見ていくと、簡単につくれるレーダーチャートも慎重に取り扱うべきものだとわかります。一見「数学的」に見える図表でも、実は恣意性が含まれ、不十分なものであることも多いのです。

　このように、見慣れたレーダーチャートでも「数字の意味」を追求していくことで、制度自体の隠れた問題点が見つかります。

　数学的に書こうとすれば、現状のさまざまな数字の意味を考え直すことになります。そうした問題発見のためにも、手を動かして数字を扱っていくことが大切になるのです。

ケース2 リボ払いの怖さを知る

SOBUKAWA

さて、本書の目的の1つは数学的に「書く」です。数列の考え方を使って直接表現することを考えましょう。もちろん数式で表して数学として解いてもいいのですが、その計算の部分はコンピュータに任せてみようと思います。使うのは、おなじみのエクセルです。

複利計算とエクセル

もっとも単純な利息の話から始めましょう。発生した利息は元金に組み込まれてどんどん大きくなっていくケースです。具体例で考えます。

最初に100万円借ります[1]。利率は月利で0.2%とします[2]。これを毎月の複利で計算するとどうなっていくか見てみましょう。スタート時の残高を B_0、n カ月後の残高を B_n とします。まずは、特に返済も何もしない場合。

式で表せば、

$$B_{n+1} = B_n + \left(\frac{0.2}{100}\right)B_n = \left(1 + \frac{0.2}{100}\right)B_n$$

となります。等比数列と見れば一般項を求めることもできますが、ここではそういう計算はせず、エクセルの上でこれを表現することを考えます。

全体の設定については、最初にこんな風に入力してみます[3]。

---

[1] あとで返済のことを考えるのでここでは借入金としますが、預金や積立を考えても符号が変わるだけで同じことになります。

[2] 年利では2.4%と表示されますね。

[3] 見やすいように空のセルの背景を濃くして、太い線にしています。

図表9-5 複利計算①

　C列、D列の5行目以下は、円ではなくて銭単位まで計算するために、右クリック→セルの書式設定→表示形式→通貨とし、小数点以下の桁数を2としておきます。

　そして月利0.2%と最初の残高を入力します。

図表9-6 複利計算②

　次に1カ月後です。1カ月の間に残高の0.2%の利息がつきますから、

「この間の利息」としてスタート時の残高に「C2セル」にある利率を
かけて100で割ります。このあと気兼ねなくコピーするために、C2と
すべきところを絶対番地 C2 に直しています。Enterを押すと利息
が計算されます。

図表9-7 複利計算③

そしてそれを残高に加えます。Enterを押すと計算されます。

　D6には前の月の残高D5にこの1カ月間の利息C6を加えた合計
をおきます。

図表9-8　複利計算④

「セルC6‐D6」には、その前回の残高に1カ月間の利息を乗せた計算ができていますから、それをコピーしてC列D列に貼ります。

図表9-9　複利計算⑤

貼り付けのオプションは一番左の標準を選びます。

図表9-10 複利計算⑥

Enterを押せば自動的に残高を計算してくれます。

図表9-11 複利計算⑦

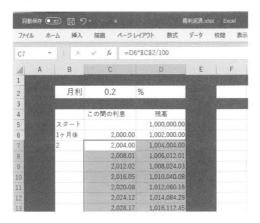

ついでに月数も書いておきましょう。

図表9-12 複利計算⑧

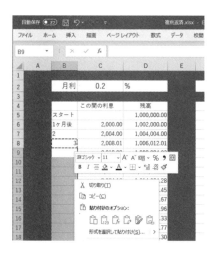

B8のセルにこのように書けば1つ上＋1を計算してくれます。あと
はこれをコピーしてB列B9以下に貼りましょう。貼り付けのオプショ
ンはまた一番左の標準を使います。

図表9-13 複利計算⑨

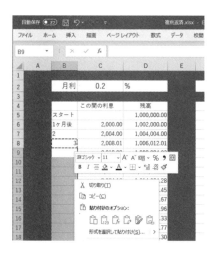

図表9-14 **複利計算⑩**

	B	C	D
2	月利	0.2	%
4		この間の利息	残高
5	スタート		1,000,000.00
6	1ヶ月後	2,000.00	1,002,000.00
7	2	2,004.00	1,004,004.00
8	3	2,008.01	1,006,012.01
9	4	2,012.02	1,008,024.03
10	5	2,016.05	1,010,040.08
11	6	2,020.08	1,012,060.16
12	7	2,024.12	1,014,084.28
13	8	2,028.17	1,016,112.45
14	9	2,032.22	1,018,144.67
15	10	2,036.29	1,020,180.96
16	11	2,040.36	1,022,221.33
17	12	2,044.44	1,024,265.77
18	13	2,048.53	1,026,314.30
19	14	2,052.63	1,028,366.93
20	15	2,056.73	1,030,423.66

定額返済（元利均等払い）

次に、毎月一定額の返済をおこなう場合を考えましょう。最初の残高（元本）もその後かかった利息も合わせてとにかく一律で払う場合、元利均等払いといわれます[*4]。

返済金額をP_nで表せば、残高は、

$$B_{n+1}=\left(1+\frac{0.2}{100}\right)B_n-P_n$$

と表せます。

エクセルの表ではまず1列加えます。

---

*4　このほか、元金を均等割りにして利息分を上乗せして払う「元金均等払い」というのもあって、いろいろな場面で使われています。この節で説明しているのと同じようにエクセルを用いて計算することができますが、本書では割愛します。

図表9-15 定額返済①

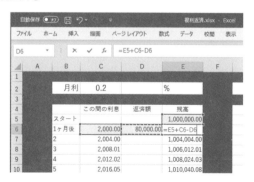

　とりあえず毎月8万円ずつ返済することにしましょう。前回の残高にこの期間の利息を加え、返済額を引けば今回の残高になりますから残高のところの式はこのように変わるわけです。

　あとは「セルD6 - E6」を同じ列の下のほうにコピーすれば、毎月の残高を求めることができます。

図表9-16 定額返済②

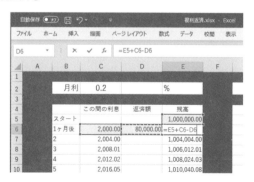

この例でいえば13回目の返済が終わると残高がマイナスになりますから、13回目は払いすぎ。その額を減らしてちょうど返済が終わるわけです。

本来は返済回数を先に決めて毎月の返済額を決める計算をします。その計算方法もありますが、このやり方でだいたいの額を見積もって当てはめて調べてみるのも、十分使える方法であるといえましょう。

リボルビング・クレジット

もう1つ応用編として、昨今盛んに宣伝されているリボ払いについて考えましょう。

少し実情に合った金額で考えたいので、最初に10万円の買い物をし、毎月2万円ずつ分割で返済することにしましょう。利息は年利18%、月利1.5%としてみます。

買い物をこれ以上せず、毎月返済するわけですから、前項の元利均等払いになりますので、先ほどのエクセルシートの数値だけを入れ替えればいいことがわかります。すると、6カ月後に4753円あまり払って返済が終わります。

図表9-17 リボ払い①

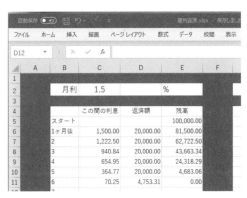

さて、2カ月経ちました。ちょっと欲しいなと思うものがでてきま

した。リボ払いにすれば毎月の定額は一緒だし、勧められたからリボ
払いにしよう。今は2万円ずつ払っているから、これと同じ額なら大
丈夫だろう。

　当然、数列を使っても表すことができますが、それよりもこれまで
やってきたようにエクセルの上に数式を書き込んで表すことによって
実際の金額をいろいろと入れて調べてみましょう。

　先ほどの2万円返し続けて残高がマイナスになっているシートをそ
のまま使い、また列を1つ増やします。

図表9-18 リボ払い②

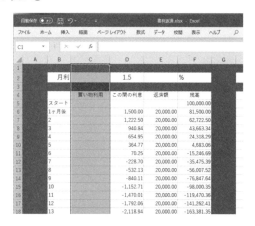

　まず、4万円の買い物をします。その分を加えたものが2カ月後の
残高になります。

図表9-19 リボ払い③

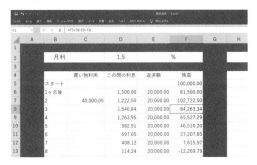

　これをセルF8からずっと下までコピーしておきましょう。エクセル
は一気に計算してくれます。**図表9-20**を見ると、8カ月後には払い終
わるので割と安心です。

　それはそうです。毎月2万円払うのだから、4万円は2カ月で返せる
はずです。

図表9-20 リボ払い④

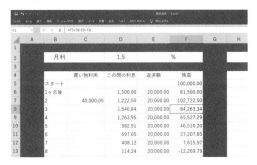

　安心したあなたはその2カ月後、また4万円の買い物をします。

　払い終わるのは最初から10カ月後です。まだまだ安心。

　こうしてあなたは2カ月ごとに4万円の買い物をします。それでも毎月2万円ずつ返しているから平気平気。そして3年ほど楽しく過ごしたあなたはある日ローンの残高を見て驚くことになります。隔月で4万円使って毎月2万円返しているのだからそれほど増えてはいないはず。ところが利息だけで4万円以上になっていることがわかります[*5]。

　さらに5年後になると残高が20万円を超えてしまいます。

　ここに述べたのは、まだおとなしい例です。気をゆるめてリボ払いを放っておくと、大変なことになりかねないのがわかりますね。

---

*5　37カ月後の残高は14万6335円ほどになっています。

飲食店の出店計画のヒントを探す

気になる仮説を対数で確認する

　ここまでは、時間の経過と量的変化を分析していくようなケースを多く見てきました。

　では、もう少し切り口を広げて、いろいろな数字を対数にして比較分析をしたらどうなるでしょうか。

　ここでは、都道府県ごとの飲食店の数を取り上げていきます。

　一番多いところは？　と考えたとき、まず思いつくのは東京都、そして、2番目は大阪ではないでしょうか。

　実際の数字もその通りになります。東京、大阪に次いで、神奈川の3都府県が目立っています。

　そして、x軸に人口密度（人／km^2）、y軸には飲食店の数を置いてみました。そして、分析したのが**図表9-21**です。

図表9-21 人口密度と飲食店数の関係（実数）

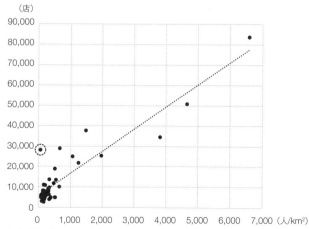

出所：飲食店数については「総務省統計局経済センサス平成28年」。人口密度については「令和2年住民基本台帳人口・世帯数表」「令和2年全国都道府県市区町村別面積調」

　ほぼ、右肩上がりの傾向が見えます。人口密度が高いということは、都市化が進んでいるということになります。ちなみに回帰直線を引いてみると、いくつかの都県は上のほうに点在しています。

　愛知、兵庫、福岡などで、これは「人口密度は上位ほど高くないが、飲食店は相対的に多い」ということになります。ただし、左下のほうにほとんどの府県が入ってしまうため、全体的な傾向がやや見えにくいです。

　そこで、それぞれの数を10を底とした対数にして、再度分析するとどうなるでしょうか。それを示したのが、**図表9-22**です。

図表9-22　人口密度と飲食店数の関係（対数）

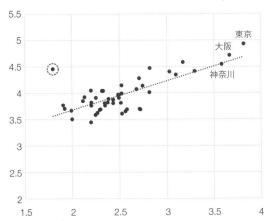

出所：飲食店数については「総務省統計局経済センサス平成28年」。人口密度については
「令和2年住民基本台帳人口・世帯数表」「令和2年全国都道府県市区町村別面積調」

　この場合も、全体的に右肩上がりになっていることがわかります。そして、点の分布も見やすくなり、気になってくるのが左上にある丸で囲んだ点です。

　実数のときも目立っていましたが、対数グラフにするとその特異性がよりわかります。人口密度は、日本で一番低いにもかかわらず、飲食店数では上位にあることがわかります。

　これは、どこでしょうか？　ちょっと考えれば「北海道」と見当がつきます。広大な自然がある一方で、札幌や函館、小樽などには多くの飲食店があります。

　ではこのデータから、どんなことが考えられるでしょうか。まず、観光地としての北海道の人気の理由がわかります。自然を満喫できるうえに、都市部では飲食店でさまざまな美味しいものを食べられる。2つの数値を対数で見ることによって、北海道の強みが見えてくるのです。

　また、愛知、兵庫、福岡が「人口密度に比して飲食店が多い」ことから、何がわかるでしょうか。それぞれの県には、名古屋市、神戸市、福岡市などのにぎやかな街もありつつ、ちょっと足を延ばせば、海、山の自然にも恵まれています。

　これらの街に住んだ人から「住みやすくて離れたくない」という声を聞くことも多いのですが、そうした環境もこの2つの数値から見ることができるでしょう。

　こうした視点は人口密度が低いという理由だけで、飲食店の出店には適していないと考えられているエリアを、再度、検討する際のヒントにもなります。もちろん、人口密度が低くないにもかかわらず、飲食店の数が少ない街についても、複数の街を調べ、飲食店が少ない理由を探り、出店候補地を見つける、あるいは、候補地から外すことに活かすことができるかもしれません。

　「対数の窓」から見える風景は、このようにしていろいろな姿を見せてくれるのです。

第 10 章

数学的に話す・書く

数学的に書くこと

「解答がない問題」にどう取り組むか

　ここで第2章にあげた論文の議論をもう一度見返してみましょう。考えていたのは次のような定理でした。

　【定理】三角形の3辺のうち、2辺の長さの平方の和がもう1つの辺の平方に等しいならば、そのもう1つの辺に向かい合う角は直角である。
　または、

$$\triangle ABC において BC^2 = AB^2 + AC^2 \ \Rightarrow \ \angle A = 90° \quad (10.1)$$

　いきなりこのような問題を出されて証明しろといわれてもそう簡単にできるわけではないのが当然だと思います。
　ところがそこでなぜか、

　　　　ひらめかない→手が止まってしまう→わからない→嫌い

といって途方に暮れてしまう人がたくさん見受けられます。

　ビジネスの世界などではむしろそれまで遭遇したことがない新しい課題に当たるのが日常です。そういうときにはどのように対応するのでしょうか。

　もちろん受験対策として使用していた数学の市販問題集では必ずあった「後ろの解答ページ」はないわけで、なんらかの方法でそれに対応しなくてはなりません。

　ここではこの問題にどう取り組むかを見ながら、数学的な考え方・進め方、そしてそれに連なる数学的に書くことの有用性について見ていくことにしましょう。

状況の把握——失敗のすすめ

　そこで具体的な例について考えてみます。まず、3つの辺がどれも5cmであるような三角形を描きます。これは正三角形になりますね。3つの角はどれも同じ大きさです。それが60°であることを知っていれば話は簡単ですが、それを知らなくても少なくともどれも直角ではないことは図を見れば直感的にわかりますね。

図表10-1　三角形で試行錯誤する

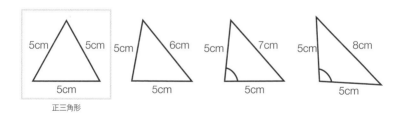

正三角形

　では、ここで2つの辺はそのまま5cmにして、1つの辺だけ6cmにするとどうなるでしょう。このケースでは正三角形ではなく、（60°より）少し大きな角ができますが、見たところまだ直角までにはいかないようです。

5cm、5cm、7cm ではどうでしょう。きちんと書くと、ずいぶん直角に近いようにも見えますが、まだ少し小さいようです。次に5cm、5cm、8cm としてみます。こうすると明らかに大きすぎてしまうことがわかります。

ということは、5cm、5cm、7.?cmで直角三角形ができそうに思えませんか。

そこでとりあえず7.5cmで計算してみることにします。

$$5^2+5^2=50 \quad 7.5^2=56.25 \qquad (10.2)$$

少し長すぎのようです。7.2cmにしたら？ $7.2^2=51.84$、さらに$7.1^2=50.41$、だんだん近づいてきているようです。

おそらくどこかではちょうど等しくなって、そこでは直角になるように思えます。

しかし辺の長さが小数になると面倒だし、とても計算がぴったり合う気がしません。

もっと別のケース、たとえば 5cm、6cm、7cm だったら？ 5cm、6cm、8cm では？ 5cm、7cm、9cm では？

こうやっていろいろなケースで失敗しながら試してみると、もしかしたらだいたいの感じがわかって、この定理が成り立つかどうかの感じがつかめるかもしれません。

多くの人が「図形は嫌い」「証明問題は嫌い」といいます。学校の授業では残念ながらなかなか時間がとれないのですぐに、「解こう、答えは何？」となってしまって、こうやって問題そのものを味わうことをしないようです。

それではなかなか状況を把握できないし、解決の方針を思いつくこともできません。

もちろんすぐに解ければそれはそれで楽しいというのもあるかもし

れませんが、まずはこうやって時間をかけてじっくり状況を把握して、それこそ自家薬籠中のものにしてしまうのが大切なのではないでしょうか。

大きな問題になればなるほど、難しい問題であればあるほどそうだと思います。

そういえば、起業家教育のための講座などを見ていると、よく「失敗のすすめ」を見かけます。

小さい失敗をたくさん経験しながらも、そこから学び取ったことの蓄積がその後の大きな糧になるのです。

これは数学に限りませんが、多くの学術研究では実はたくさんのトライアルの失敗の上にほんの少しの成功例があるのです。

報告されるのはその成功例だけですが、失敗することは必ずしも悪いことばかりではありません。

「失敗は成功の母」はビジネスにも学術研究にも通じるものだろうと思います。

状況分析──問題を解けるようにする

さまざま試した感じである程度雰囲気がつかめてきたら、次は現状でわかっていることの分析・整理をおこないます。

このケースでいえば次のようなことがあがるでしょう。

1. 証明したい命題（10.1）に対する逆、すなわち、ピタゴラスの定理

　　直角三角形の斜辺（直角の向かい側の辺）の長さの
　　2乗は、そのほかの2つの辺の2乗の和に等しい

　　は真であることが知られている
2. 三角形は3辺の長さがわかればそれはひと通りに決まる。別の

ケースはない

3. 三角形、また直角三角形の合同条件がいろいろある
4. 三角形の3つの角の和は180°である

他にも考えられることがあるかもしれません。ここで大切なのは、

◆知っていること・できることをとことんやる
◆無駄をいとわない

ことです。

そもそもわからないこと・知らないことはできません。まずは自分ができることは何か、知っていることは何かをすべてあげてみることが解決への第一歩です。

当然、使わない知識や無駄な考察もたくさん出てくるでしょう。

受験勉強の癖でついつい「最短距離で」「最小限の努力でコスパよく」といったことを考えてしまいませんか？ それは問題が完全に解けてからにすべきで、この段階ではわかっていることをできるだけ列挙したほうがよいのです。

数を打たなくては当たりません。およそ数学の研究では、100回のトライアルで1回うまくいけば上等という感じです。

もちろん研究者はある程度見通しをもって研究をしますが、大抵のアプローチは失敗します。それでも次のアプローチを繰り出していくなかで解決への糸口が見つかるかもしれないのです。学問の進歩はそういうことの繰り返しによってもたらされます。

方針を立てる——実現へ向けて

さて、材料がたくさん集まったら、そのなかでストーリーをつけてみましょう。可能ならば目的に向かう道筋を見据えたものにしたいです。一般に「逆は必ずしも真ならず」ですが、今問題としているのは「逆も真になる」という主張です。

　前提条件は$\triangle ABC$において$BC^2 = AB^2 + AC^2$。しかし、この三角形はこれ以上何もできないので、別の$\triangle DEF$で、

$$DE = AB, \ DF = AC, \ \angle D = 90° \qquad (10.3)$$

となるものを考えることにします。

　今度は直角三角形だとわかっているのだから、ピタゴラスの定理が使えて、$EF^2 = DE^2 + DF^2$であるといえます。

　ここで前提条件から、

$$EF^2 = DE^2 + DF^2 = AB^2 + AC^2 = BC^2 \qquad (10.4)$$

とわかります。もちろんEFもBCも辺の長さだから0以上。したがって$EF = BC$ということがわかります。

　ここで、$\triangle ABC$と$\triangle DEF$を比較してみましょう。これらについては、

$$AB = DE, \ AC = DF, \ BC = EF \qquad (10.5)$$

すなわち3つの辺がそれぞれ等しいことがわかります。ということはこの2つの三角形は合同である（ぴったり重なる）といえます。

　その結果、$\angle A = \angle D = 90°$ ということが結論づけられるのです。

論理的に表現することの意義

　このような表記をすると、見ただけでわからなくなるという人がたくさん出てきそうですね。

　しかし、ここは1ステップごとに確かめてみることにしましょう。式や定理の番号が書いてあるので、それを逐一探して書いてある内容を確認します。そうするとそれぞれは特に難しいことはありません。

いってみればほとんど写しているだけだということがわかります。

　唯一難しいのは△DEFが出てくるところ。なぜこんなのが出てくるのか？　そこで状況分析が大切になってきます。大切なのは、

わかっていることは何か

です。この問題でわかっているのは、

- ◆1つの角が直角ならばどういうことがわかるか
- ◆別の三角形でもぴったり重なるものがある

の2点です。

　難しいことはないのですが、意外にごちゃごちゃして見えるかもしれません。

　実はここで用いた手法は数学の他のケースでよく使われるやり方で、それを知っておくことは数学を学ぶうえでは必要なこととされます。

　しかしビジネスにはあまり関係がないので本書ではあまり深追いしないことにします。

　それより大事なことを述べましょう。数学が苦手な人は得てして、

ひらめきがない　思いつかない

と思ってしまうことが多いようです。

　ところが実際には、本当にまったく新しい発想が必要な数学の問題はほとんどありません。大半は「わかっていることを全部列挙」すればそのなかに方法が書いてあると思っていいでしょう。そのためには、細かく分析し、それを表現すること＝数学的に書いてみる＝論理的な表現が大きな力を与えてくれるのです[*1]。

「問題解決」より「問題発見」

　ジャンルによって異なりますが、「解くこと」よりも「問うこと」「問題を見つけること」のほうが重要とされる学問分野がたくさんあります。数学はその1つです。

　もちろん解けるかどうかも大事ですが、解けるだろうといわれながら何百年も経ってやっと解かれることもありますし、場合によっては解けないことが証明されてしまうこともあります。解けないことが証明されるというのはかなり不思議な気がしますが、それも「否定的な解決」として意味をもちます。

　たとえば、ここにあげたピタゴラスの定理の逆・(10.1)の発展として、

$$x^2 + y^2 = z^2 \text{ が成り立つような整数はあるか?}$$

という問題があります。x, y, z として3:4:5とおけば成り立つことはすでに述べました。ほかにも5:12:13など無限に組み合わせがあることがわかります。ただ測量では3:4:5が一番使いやすいので、それ以外はマニアの興味といわれても仕方がありませんね。

　しかし本当の「マニア」はそんな程度では飽き足らず、まだまだ興味をひろげます。フランスの数学者・フェルマー(1607 ～ 1665)は、この問題を次のように拡張しました。

$$x^3 + y^3 = z^3 \text{ が成り立つような整数 } x, y, z \text{ はあるか?}$$
$$x^4 + y^4 = z^4 \text{ が成り立つような整数 } x, y, z \text{ はあるか?}$$
$$\vdots$$

---

*1　もちろん最先端の数学の研究では「ひらめき」のようなことが必要になることもあります。しかし、それとてもすでに知られている数学の世界のうちのどこかから拝借していることが大半です。もし数学の世界で本当にまったく新しい発想が出てきたとすれば、それは大きなニュースになります。それこそ全世界で見て何年に一度のことになります。そういう新しい発想が世界を大きく変えてきたことは確かなのですが。

フェルマーは、3以上のどんな n に対しても、

$$x^n + y^n = z^n \text{ が成り立つような整数 } x, y, z \text{ は「ない」}$$

ということを「証明した」と書き残しました（その証明が実際に書かれたものは見つかっていません）。

　この問題は理解することは容易かもしれませんが、解くことは長い間かないませんでした。特別な n のケースについてはフェルマー自身の証明も含めてたくさんの研究が行われ、またたくさんの人（＝数学マニア？）の憧れとなりましたが、すべてのケースについて解決するためにはかなり長い歳月がかかりました。

　フェルマーの死後290年経った1955年に日本の数学者・谷山豊が提示した、この問題そのものからすると一見無関係にも見える別の問題（後に志村五郎によって整理された）は、当時はこれも解けるかどうかわからなかったのですが、「谷山－志村の問題が解けるならばそれを使ってフェルマーの問題も解ける」ということを見つけた人がありました（1986年）。

　谷山－志村の問題も比較的シンプルに書き表すことはできるものの容易に解けるものではありませんでした。しかし1995年にワイルズによって解決され、フェルマーの問題は330年の時を経て解決されたのでした。

　こうした道のりの中に出てくる、

　　谷山－志村の問題が解けたらフェルマーの問題も解ける

というのも、そもそもそんな関係（問題）を見つけたのが大変なことだと思います。

　さらに今日では、フェルマー自身は最初の問題を解けていなかっただろうというのが大方の見方です。いってしまえばフェルマーは単に勘違いしていただけかもしれません。それでも、その後長く多くの人

たちの興味を惹き、周辺の色々な数学の理論を発展させたことは間違いないわけで、これも偉大な成果だといえます[*2]。

　これほどまでに大きな「良い問い」を出すことは簡単ではありませんが、一方で数学では「良い問い」が見つけられれば、その段階で話は解決したも同然ということがたくさんあります。問題意識をきちんと整理できたので本質がわかった、だから今まで知られていない、しかし意味のある新しい問題が出せる、解くこと自体はそれほど難しくない、という構図です。

　そうなってくると話はビジネスの世界に近づきます。たとえば、

　大都市圏では通勤時間や交通機関の混雑が社会的な損失である

という状況に対してその解決方法として「鉄道を新設する」「運行本数を増やす」などといったことが考えられますが、ピーク時に合わせて投資してもそれ以外のときに無駄になるのでそう簡単には進まないわけです。

　ところが奇しくも2020年のコロナ禍のために、人と人との接触や人が集まることが問題であるとしてリモートワークが推奨された結果、

　そもそも都心のオフィスに定時に全員が集まる必要があるのか？

というように、話が掘り下げられて問題そのものが変わったわけです。

　これまでもフレックス時間などを採用した企業がありましたが、これを機に都心のオフィスを縮小したり引き払ったりして在宅ワークを中心とするところが増えてきました。つまり問題を差し替えることで

[*2] ワイルズ自身もこの問題を解くことに憧れてこの世界に入ったと述べています。

大きなパラダイム転換が起きたわけです。

　これは起きてしまった天災によって本質があからさまになり、考え直さざるを得なくなったケースですが、新しく時代をつくっていくことを思うならば、いろいろなことに疑いの目を向け、新しい問題を見つけることが重要になるのです。

　受験勉強のような与えられた問題を解くことは、極端にいえばコンピュータでもできます。AIは何かを「理解している」とはいえないのですが、そんなものでもできるようなことは、人間の仕事ではなくなってくる*3。そのときに求められるのは「問題を発見する力」なのです。

書くことの効用

　これまで述べたのは純粋数学の議論の進め方です。一見するとビジネスに関係あるのかと疑問に思う向きもあるかもしれません。しかし、その手順をまとめてみると次の４段階に分けられることがわかります。

- ◆ 問題を明確にし、目標をはっきり立てること
- ◆ 状況を分析し、それを整理すること
- ◆ 使えるツールは何であるかを確認し、その利用の方法を考えること
- ◆ 行動の戦略（ストラテジー）を立てて実行すること

そしてそれを整理するのにもっとも適しているのが、

論理的に書き出してみる

---

*3　だから小中高の教育が無駄だとかいうことではありません。あのレベルの教育をしっかりしておかないと、問題を発見することすらできないのです。問題が解けることも決して不要なことではありませんが、それだけでは足りないということです。

ことなのです。

　数学という学問においては、論理的に正しいことは誰が述べても常に正しい。小学生がいおうが大学教授がいおうがそれは同等です。

　したがって得られた研究成果は（一番乗り競争はあるにせよ）広く共有されるべきものであると考えられています。

　数式用のワープロソフト[*4]が普及している今日では、何か考えついたらまず論文（またはノート）の形で書いてみて、一晩寝かせてから論文の査読者になったつもりで読み返して検討するという方法をとる研究者もたくさんいます。

　これは本来、他人に伝えることを目的としていた「論理的に書く」ことが、自分自身に向けた情報伝達、言い換えると自分自身との対話のツールにもなっているということを示しているのです。

　よく「論理的に考える」という言い方をしますが、これは、

情報の坩堝である混沌とした状態

vs

情報を取り出して論理的に表現する

という2つのことの行き来によって形成されています。

　論理的な表現により、その世界がより明らかに見え、さらに混沌として残っている部分がわかり、さらにそこから次の情報を取り出して組み立てる。

　こうした作業の積み重ねにより、数学も、またビジネスも成り立っているのだといえるでしょう。

　まとめてみます。学校で学ぶ（高等）数学など意味がない、とうそぶく人がいます。たしかに、

*4　数学においてはD.Knuthによって1980年頃から開発され、広く無料で公開されているTEXという組版システムが、多くの人たちによって改良され広く用いられており、標準とされています。

数学とは計算して答えを出すものだ

とすればその評価は当然かもしれません。しかし、昨今、高校から大学初年程度までの「計算問題」の多くは、コンピュータが瞬時に答えを出してくれます。さらにそれは高価なソフトウエアなどではなく無料のウェブサイトが結果をもたらしてくれます。したがってそんなものができたからといっても、大したことではないのです。

　厳しくいってしまえば、もはや議論の対象にはならない。一方でこのような形で物事にあたる経験、しかもそれを抽象的な世界である数学においておこなう経験はビジネスパーソンにとって大いに役に立つのです。

「霞が関的ポンチ絵」と「数学的に話す」

「すべてのことを1枚で説明する」ポンチ絵

　ポンチ絵と称するものが役所などでよく使われています。もともとの言葉の意味は少し違うところにあったようですが、現在では「すべてのことを1枚の紙面で説明する絵図」といえばいいでしょうか。

　時間のないVIPに何かを説明するときによく用いられ、意外に重宝されているという話を聞く一方で、ポンチ絵をスライドで提示して大人数に対する説明に使うことには批判的な意見も聞かれます。

　ここでは、まず、ポンチ絵の正体とそのあり方を「数学的に話す」という立場から見てみましょう。

　「論理的に描かれた絵図」というと不思議なものに見えるかもしれません。さらにこのことを踏まえて「数学的に話す」とはなんなのかを検討してみたいと思います。

　最初に例として現在のわが国にとって避けて通ることはできない、各地域における高齢者への包括的な医療・介護体制のシステムを充実

させるためのプランについて考え、それをポンチ絵にしてみましょう。

　論理的な進め方は前節で説明した通りですが、今度は表現手段が文章や記号だけではなく、絵図になります。

既知の事項を確認する

　まずは全体の状況の把握です。

1. 医療・介護のニーズは現場や人によって異なるため、国や都道府県といった大きな単位ではなくもっと小さい単位、たとえば町内会といった単位で考えることが望ましい
2. 医療・介護については高度の専門性を要する部分も大きいが、それが常に必要であるとは限らない。またその人的・物的資源にも限界がある。そのため、広域的な枠組みを背景に置くことも必要である
3. 一方で有資格者のみならず、幅広い枠組みで考え、多くの人々が参加する体制を考え、持続可能なシステムを構築したい

　それぞれでは以下のようになっています。

1. 考えるべき地域の単位として、町内会・自治会の機能は場所によって大きな差があることからその単位ではなく、行政が把握できる小中学校区を考えるべきである
2. サービス付き高齢者向け住宅（サ高住）、グループホーム、地域密着型特別養護老人ホーム（特養）などの施設、自宅で生活する人などを大きな枠組みのなかでケアする
3. 医療・介護の提供元として、診療所、薬局、訪問介護・看護ステーションなどがあげられる
4. 医療・介護の提供を司る役割として、ケアマネジャー、地域包括支援センターなどがあげられる

さらに、これらにはどれも相互に対等にまた密接な関係が築かれることが期待されます。

このことから、**図表10-2**のように丸く囲ってそれらの関係を表します。

図表10-2 地域の医療・介護について表現した図

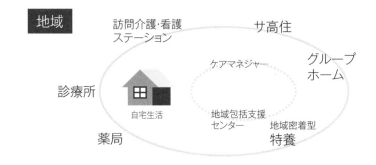

それらの間を取り持つ重要な役割がケアマネージャーであり、地域包括支援センターのようなものがその支えとなります。

市町村・都道府県などとの関係

特に必要となるのは医療関係です。

1. 市町村は各地域の施設等に直接的な支援をおこなう
2. ある程度の規模の都市にならないと、総合病院・救急病院・リハビリ専門病院などは設置されていない。それと各地域との連携関係が求められる
3. 都道府県は高度医療などの管理をおこなう

立場として都道府県が上ということではなく、全体を取り仕切るア

ンカーのような役割であると考えましょう。そのことから**図表10-3**
のような枠組みで表現します。

図表10-3 地域と市町村・都道府県などとの関係を示した図

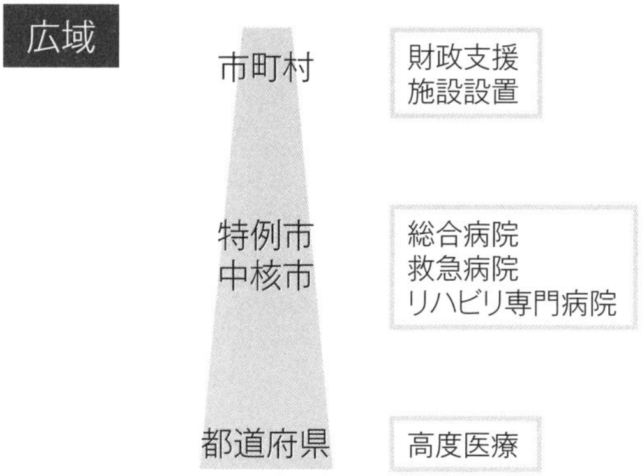

広域

市町村 — 財政支援 施設設置

特例市 中核市 — 総合病院 救急病院 リハビリ専門病院

都道府県 — 高度医療

表現と最後の仕上げについて

　表現の仕方については決まったものはありません。

　ただしこうした図による表現は、論理的に突き詰めたうえで、それ
にプラスαがあっておこなわれるもので、表現手段（この場合でいえ
ばパワーポイントなどのソフトウエアも含む）によっても変わってく
るものになります。

　ただ適当に絵を描いているわけではなく、その前に論理的に分析が
なされていることが大切です。

　こうした粗い絵をもとに、これらの関係を並べ、そこに関係するで
あろう事柄を埋め込むと、いわゆる「霞が関的ポンチ絵」ができあが
ります[5, 6]。

図表10-4 霞が関的ポンチ絵

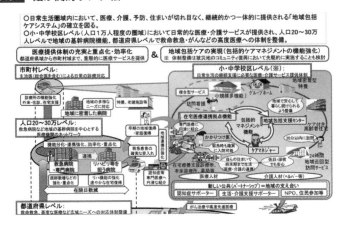

ポンチ絵とセザンヌ

ところで、このような絵のつくり方は企業や役所などの特殊な文化なのでしょうか。実は決してそうではありません。

たとえば静物画で有名なセザンヌ（Paul Cézanne、1839年1月19日～1906年10月23日）の次の絵を見てみましょう。

---

*5　ここで借用したポンチ絵はどこかの省庁において議論に使われたものと考えられ、ネット上で何カ所かで見られますが、そのオリジナルは出所不明です。

*6　このポンチ絵に対して、これをもっとよくしたと称するものがネット上で見受けられますが、ここで検討している立場＝数学的・論理的な見方からすると特に甲乙つけるようなものではないようです。ただ表現には好みが出るわけで、それは価値観の問題です。

図表10-5 セザンヌの Still Life With Cherries And Peaches

出　所：https://upload.wikimedia.org/wikipedia/commons/8/85/Paul_Cezanne_-_Still_Life_with_Cherries_and_Peaches%2C_1885-1887.jpg

　テーブルの上にナプキンが敷かれ、その上にチェリーの皿、桃の皿、花瓶。背景は壁とカーテン。単純な絵に見えますが、ここには論理的な仕掛けが施されています。

　たとえば、右の桃の皿は斜めからの視線で描かれているが左のチェリーの皿は上からの視線で描かれている。

　どちらも丸い皿と思われるが左はナプキンがかかっていて視線が遮られ、一方右は桃の位置が少し左に寄り、奥側の曲線が真っ直ぐになっていて奥行きがゆがんで見える。

　このような設計は、人が対象物を見るときにいろいろな視線をもつということを表現しようとしています。

　こうした考え方はその後ピカソなどに引き継がれていきます。

論理的な表現とプレゼンテーション

　忙しいVIPのために、ふわっと理解できるようにと描かれたポンチ絵は、一方で総花的であり、何が本質かわからなくなりがちです。またきちんとしたプレゼンテーションには向きません。

　たとえば矢印が何を意味するのか、上下関係は何を意味するのか、といったあたりが曖昧ですし、同時にあまりにたくさんの情報を提示されても、理解が難しくなる危険性もあります。

　一方でこれが先に述べた「情報の坩堝」の部分をそのまま直接的に表現していると見ることもできるのです。

　　　　　　考えることの根幹の部分を直接伝えてしまう

それを目指したのが「ポンチ絵」。

　　　　　　考えている内容を誤解なく正確に伝える。

それを目指したのが、数学の論文のように「論理的に整理した文章」。同じような情報伝達の手段としてとられるのが「話す－聞く」の関係ですが、文字による伝達は受け手が読み返したり立ち止まったりできるのに対して、音声は時間が進む通りにしか情報を送れないのです。

　したがって「話す」ときには「書く」以上に受け手の状況などを考慮することが必要となるのです。

　ここで登場するのが「論理」です。論理的に整然とした表現が他人に伝えるのにはもっとも効率的です。

　論理的な流れを小さいステップに分けて提示していく。情報をできるだけ少なくし、その瞬間に理解できるようにする。

　これがよいプレゼンテーションとされます。見方によってはポンチ絵と逆のものに見えますが、実は同じ過程から得られるものなのです。

　そしてその大切なサンプルとして数学的な表現が有用になってくるのです。

　◆急いで伝えるにはポンチ絵のような形にして

◆相手に何かを伝えるのに、誤解のないように確実に伝えるために
◆忙しいVIPが何を求めているのかはっきりしないのなら、ポンチ絵を渡して様子を見ながら口頭で話す

というように、伝える相手を考えながら臨機応変にやっていくことは当然のことです。ただしその中心にはきちんとした枠組みがなくてはなりません。伝える側、受け取る側のそれぞれの能力であったり経験であったりということも大きな意味をもちますが、その前提として、数学的（論理的）に話す・書くというのは最低限必要なスキルなのです。

時代を超えて、世代を超えて

歴史上最初に論理学が発展したのは古代ギリシアだといわれています。

西はイタリア半島からイベリア半島、南は地中海を越えてアフリカ大陸、北はドイツやフランスの一帯、東はトルコから中央アジアを経て中国まで連なる広い交易関係。もちろん人々は異なる言語を話すわけです。そうした人々が意思疎通を図るにはどうしたらよいのか。

そんな中で言語の違いはさておき、共通のもの、根本にあるものを考えていくことで論理を明らかにすることが必要になったのでしょう。

そして当時、それと平行して数学も大きく発展していきました。論理の枠組みで数学を考えること、またそれを論理的に記録しておくこと。それによって現代の我々は当時の学問を知ることができます。論理が時代の壁を越えて現代に当時の学問を伝えてくれているのです。

現代社会における国境を越えたやりとりの重要性は今さらいうことはありません。言語はもちろん、考え方や習慣との違いを知ることも要求されます。一方で急速な社会の発展にともなって世代間の溝が深まってしまっていることが指摘されています。上の世代がその地位を利用して旧態依然たる考え方を若者に押しつけるならば、そうした

分断は深くなっていくでしょう。なぜかつてはそのやり方が通用した
のか。なぜ人々はそういう風に考えていたのか。それを論理的に冷静
に捉えて本質は何かを明らかにし、同時に相手の状況もまた論理的に
捉えて共通する部分や合わない部分を検討してすりあわせていく。こ
れもいうなれば論理を用いた時間を超えたコミュニケーションなので
す。

　日本人は農耕民族で阿吽の呼吸をもってこれまで生きてきたのだか
ら論理などという偉そうなものは必要ない、というのはなんの言い訳
にもなりません。人々の間にある心情や感性は大切にするにしても、
このような基本的な枠組みをつくり上げることがこの社会においては
求められています。

　「数学的に話す・書く」技術は、もしかしたら日常会話では使わない
ほうがいいのかもしれませんが、いつでも使えるように磨いておくべ
きものなのです。

論理的にわかる？

　子どもに「わかった？」と聞く大人がいます。さすがに小学校の教師にはいないでしょうが、我が子にそう聞いていませんか。子どもは親の顔色を見ながら「うん、わかった」といってしまう。本当のところはどうなのでしょうか。

　「腑に落ちる」「腹落ち」という言葉があります。数学屋の性分ですが、この「わかる」という概念もはっきり記述したい。私は「わかる」とは「腹落ち」のことだと思っています。もう少し丁寧にいうならば、「新しい情報を、すでにもっている知識や経験と融合させて取り込み、一体化させること」。達成できればかなり感動的なことです。

　新しいことがらに興味があるのなら、学ぶ側は自ら「シナプス」を出していることでしょう。そこに情報を向けてやるのが「教える」こと。でもいつでもそういう状況になるとは限らない。そこで最初の接続を手助けするのが論理的なコミュニケーションです。枠組みが整理できていれば学ぶ側はその構造をとりあえず取り込むことができます。

　細くてもコネクションができたら、次は太くしていきます。やがて相互の流れとなり、さらに大きくなって一体化し、最後は「自家薬籠中の物」になる。「論理的にわかる」というのは本当にわかるための一歩目に過ぎません。

　ちなみに、この「本当にわかる」ための基盤として、たくさんの経験をもつことが重要です。小さい頃からお金をかけて幼児教室というのもいいかもしれませんが、家事のお手伝いをしたり、公園で走り回ったりジャングルジムに登ったり、好きなキャラクターの絵を描いたり工作をしたり、歌ったり踊ったり、もちろん絵本を読んだり。そういうことが後々で大きく花開きます。私が小さい子どもをもつ親御さんに勧めるのはそういうことです。

論理と社会の流動性

日本人は論理的思考が苦手である。

このことが真実であるかを検証するのは大変難しいでしょう。もちろん自分の身近な経験や、どこかでちらりと読んだ論考をもとに意見をいう人もいます。残念なことにその議論自体があまり論理的になるとは限らないようです。

一方で「日本人は論理的な思考が得意だ」という意見にはなかなか巡り合いません。やはりどこかで苦手意識はあるのでしょうか。

このことを考えるうえで大切な補助線になるのが、古代ギリシャで数学が発達したという史実なのでしょう。そこには、さまざまな国から人が集まり、そこで求められる共通語が求められました。

普遍性の高い論理の道具として、数学はうってつけです。

一方で、日本社会は流動性が低いといわれます。いわゆる鎖国の時代はもちろん、戦後の企業社会も終身雇用を背景にして同質的な集団が形成されてきました。すなわち、あらためて表現しなくてもお互いに阿吽の呼吸でわかっていること、言い方を換えるとハイコンテクストなコミュニケーションを良しとする風土があるのです。

こうした日本人の特徴を見事に見抜いていたのが福沢諭吉です。

『学問のすすめ』は冒頭が有名ですが、実は一番最後に味のあることを書いています。

「人にして人を毛嫌いするなかれ」

この最終章は「人望論」と題され、ことに人との交わりの大切さを説いています。そして読んでいけば、なかなか変わらない日本人らしさが浮かびあがります。それは、今も残る日本の組織の内向きな空気です。

日本人が論理的に考えるうえでの一番の壁は、個々の能力ではなくオープンな議論を避けてしまう風土なのでしょうか。だとすれば、その原因は1人ひとりの意識と行動の問題に求められるのかもしれません。

おわりに

　筆者（曽布川）は長く国立大学の教員養成学部に勤め、小中高の算数・数学を教えるバックグラウンドとしての数学を教えてきた。その間、つねに「なんのために数学を学ぶ必要があるのか」という根源的な問いと向き合ってきた。特に「数学ができる人は理系、できない人は文系」という妙な発想から発展した「文系には数学は要らない」という強固な意見にどう立ち向かうべきなのかは大変悩ましいものであった。

　しかし、今世紀に入ってからは、「数学を学んだ人は所得が多い」という研究結果も出るなど、数学に対する人々の見方が「自分が得意かどうかは別として、多くの人にとって少なくとも不要なものではない」というふうに変わってきたような気がする。深夜枠ながら『たけしのコマネチ大学数学科』が7年半もの間テレビ放映され、2008年に日本数学会が番組（北野武氏）を表彰したのもその表れだったのかもしれない。

　そんな中、筆者は早稲田大学に異動した。学部には所属せず、グローバルエデュケーションセンターという組織の一員である。長たらしい片仮名名前は少々恥ずかしいが、初対面の人には会話のきっかけになる。これは創立者大隈重信の唱えた「人生125歳説」になぞらえ、その創立125周年（2007年）を機に新たな出発を果たそうとするときに掲げた3つのスローガン「研究の早稲田」「貢献の早稲田」「教育の早稲田」の一角を強力に推し進めるべく設立された部署で、その昔、国立大学にあった教養部のような存在である。

　その組織の中核をなす「基盤教育」は「アカデミック・ライティング」「英語」「データ科学（統計）」「情報」「数学」の5つの教育部門か

らなる。これらの教育内容は大学生として研究・学習をしていく上で最低限必要なアカデミックリテラシーを構成するものである。そしてこの力は社会に出てからも通用し、むしろ必要とされる能力であるというのが我々の立場である。

これら5部門はそれぞれ独立しているが、当初からそれらがともに協力しながら学生教育に当たることが構想された。そのことから筆者は2014年の着任以来、「英語と数学の読み方」「ロジカルシンキング入門」と題する授業を開講している。前者では英語で書かれた予備知識の要らない数学の書籍を講読する。英語で書かれているがためにかえって論理構造が見やすくなっている、また英語と日本語を飛び越えるときに論理が必要になってくるということを知ってもらう科目。後者はアメリカの大学の数学科の1年生が読む、日本の中高生レベルの数学を題材にした論理のテキストの輪読を通じて、わかりやすく「数学的に話す・書く」トレーニングをする科目。ここにも英語と日本語の行き来が重要な役割をもっている。難しい受験を経て入学してきているにもかかわらず英語の読み方をあらためて知ったという学生。数学ってゆっくりやってみれば実はそれほど難しくないのだという学生。英語は得意だが日本語が今ひとつだったのに、この授業を通じてみるみる日本語を上達させていった中国人留学生。履修者はそれほど多くないが、こんな学生たちとふれ合うことが筆者の日々のモチベーションになっている。

学生時代に何かと仲よくさせてもらっていた共著者の山本直人氏とは、大学卒業後は年賀状程度のつき合いで、氏が独立してからはときどき著書を買って読む程度であった。互いに齢五十になって久しぶりに再会したときに、昔話に興じるのではなく、最近、また未来の話になったのは、まさに氏の衰えない旺盛な意欲の表れであると思う。

そこで私の早稲田での取り組みについて興味をもってくれて、書籍の形で世に出してみようという話になった。自分としては「貢献の早稲田」を少しでも担えたのではないかと思うのだがいかがだろうか。

ところでいざ作業を始めてみると、お互いに情報を出し合い、色々

なことを学び合い、議論をしていくうちに話はどんどん膨らんでいった。そして気づいてみたら3年以上の歳月が経っていた。面白いのは2020年からのコロナ禍でオンラインミーティングが当たり前となったことである。逆にそのため毎週のように議論を重ねることができた。もしかしたらこれも現代を象徴することなのかもしれない。

　こうして我々はかなりユニークな書を公にすることができた。この執筆作業の間、わがままな我々の議論につき合い、文章をまとめ、アドヴァイスを惜しまなかった東洋経済新報社の黒坂浩一氏に、共著者・山本直人氏とともに深く感謝する。

　2021年7月

曽布川　拓也

著者紹介

曽布川拓也（そぶかわ　たくや）

1992年慶應義塾大学大学院理工学研究科後期博士課程修了。博士（理学）。高校数学教員を経て岡山大学教育学部に21年間勤務の後、2014年4月より早稲田大学グローバルエデュケーションセンター教授。研究分野は函数空間論、実函数論、数学教育。専門の数学を講じるほか、高校まで数学を十分に学んで来なかった学生のための、単なるリメディアル教育を超えたフルオンデマンド講義「数学基礎プラス」シリーズの一翼を担う。一方で「ロジカルシンキング入門」「英語と数学の読み方」といった講義も担当し、「論理」「英語」「データサイエンス」「情報」などが日本人の一般教養になることを目指す。著書に『基本 線形代数』『基本 微分方程式』『演習と応用 微分方程式』（いずれも共著、サイエンス社）がある。

山本直人（やまもと　なおと）

1986年慶應義塾大学法学部政治学科卒業。同年博報堂入社。コピーライター、主席研究員、ブランドコンサルタント、人事局ディレクターを経て2004年9月独立。多くの企業にてマーケティング、ブランディング、および人材育成トレーニングをおこなう。2006年より青山学院大学経営学部マーケティング学科非常勤講師としてキャリア開発、マーケティング、メディア論等を担当。著書に『グッドキャリア』『マーケティング企画技術』（以上、東洋経済新報社）、『50歳の衝撃』（日経BP）、『世代論のワナ』（新潮社）他多数。

文系の人も使える！
数学的に話す技術・書く技術
2021 年 10 月 28 日発行

著　　者——曽布川拓也／山本直人
発行者——駒橋憲一
発行所——東洋経済新報社
　　　　　〒103-8345　東京都中央区日本橋本石町 1-2-1
　　　　　電話＝東洋経済コールセンター　03(6386)1040
　　　　　https://toyokeizai.net/

装丁・ＤＴＰ……山崎綾子 (dig)
印刷・製本………丸井工文社
編集担当…………黒坂浩一